Richard Wagner

Naturspielräume

gestalten und erleben

Ökotopia Verlag, Münster

Impressum

Autor: Richard Wagner
Titelgrafik: Siegrid und Sven Leberer, Aachen
Illustration: Monika Schwippe, Hamm
Satz: stattwerk e.G., Essen
Druck: Druckwerkstatt, Münster

© 1994, by Ökotopia Verlag, Münster
   4. Auflage, 10.-12. Tsd., April 1998

CIP-Titelaufnahme der Deutschen Bibliothek

Wagner, Richard:
Naturspielräume gestalten und erleben 7 Richard Wagner. – 4.
Aufl. - Münster : Ökotopia-Verl., 1998
ISBN 3-925169-66-0

Inhaltsverzeichnis

Zum Entstehungshintergrund des Arbeitsbuches **5**

    Anliegen und Inhalt   6

    Spielend leben lernen   7

    Spielraum-Werkstätten vor Ort   8

    Eigene Kindheits-Spielräume erinnern   10

Von den Schwierigkeiten, Spielräume kindgemäß zu gestalten **11**

    Unterschiedliche Perspektiven: Kinder - Erwachsene   12

    Das Spielgelände als Gerätesammlung   13

    Typische Problemfelder   14

    Spielorte als Lernräume   15

Spielhäuser selber bauen **17**

    Das Spielhaus   18

    Das Pfahlhaus   22

    Die Arbeitshütte   23

    Der Kaufladen   24

    Pergolen als grüne Sonnenschirme   25

    Das Atrium   29

    Sich einleben in das große Haus   30

Mit Weiden zaubern **33**

    Die Weide als Lebenskünstlerin   34

    Das 1 x 1 der Weidenzauberei   34

    Weidenzaun und Weidentunnel   37

    Das Weiden-Tipi   41

    Das Weiden-Lehm-Haus   44

    Das Weiden-Iglu   48

    Die phänomenale Weide   50

Vom Tischbeet zum Kinder-Garten 53

"Kindgemäße" Gärten? 54

Das Tischbeet 54

Das Kräuterrondell 58

Der Kinder-Garten 59

Pflanzen für den Kinder-Garten 62

Die inneren Bilder des Gärtnerns 64

Wasserspiele 67

Die Wasserpfützen 68

Die Wasserstelle 71

Plantschen, Matschen, Suhlen 73

Vom Wasser haben wir's gelernt 76

Von Höhen und Tiefen 79

Der Wall 80

Der Graben 81

Die Spielgrube 82

Spielhügel 85

Sinnenwege 89

Werkstatt "Naturspielraum" 93

Konzept und Planung 94

Öffentlichkeitsarbeit 101

Finanzierung 103

Organisation und Praxis 105

Materialquellen 107

Literaturempfehlungen 109

Zum Entstehungshintergrund des Arbeitsbuches

Anliegen und Inhalt

Das Arbeitsbuch wendet sich an alle Erwachsenen, die als Eltern oder PädagogInnen mit Kindern und Jugendlichen nach Möglichkeiten suchen, Spielplätze kindgemäßer zu gestalten oder neue Spielräume im Wohnviertel zu entdecken, die sie in spielerischen Projekten weiterentwickeln wollen. Es möchte in besonderer Weise diejenigen ermutigen, die der Neugier und dem Tatendrang der Kinder und Jugendlichen vertrauen und mit ihnen lebens-freundliche Zeichen setzen wollen.

Gemäß dem Motto, „aus den Fehlern der Alten – endlich – lernen", soll eingangs ein kritischer Blick auf bestehende Spielplätze und -gelände zeigen, daß heute Spielplätze weitgehend „erwachsenengemäß" statt kindgemäß angelegt sind. Im Detail werden dann charakteristische Defizite herkömmlicher Spielgelände sowie konkrete Schwachpunkte einzelner Spielelemente besprochen.

Die im folgenden dargestellten Gestaltungsprojekte wurden in Werkstätten, Aktionstagen und Zeltlagern mit Kindern, Jugendlichen und Erwachsenen realisiert. In einer mehrjährigen Kooperation mit ErzieherInnen in städtischen und ländlichen Regionen wurden einzelne Gestaltungselemente und der integrale Ansatz des Naturspielraums in das Außengelände zahlreicher Kindertagesstätten und Kindergärten übertragen. Für die fachliche Beratung und die konstruktive Unterstützung in diesem elementarpädagogischen Transfer danke ich meiner Partnerin Renate Pohling.

Die Praxisanleitungen sind so verfaßt, daß auch LeserInnen ohne besondere Vorkenntnisse die einzelnen Spielelemente erstellen können. Dies gilt auch für die gestalterische Arbeit mit lebenden Weidenpflanzen, die in diesem Arbeitsbuch

besonders ausführlich dokumentiert wird. Die vorgestellten Weidenprojekte ermöglichen eine einzigartige Verknüpfung ökologischer, handwerklicher und sinnlich-spielerischer Praxis- und Erlebnisbereiche.

Die Praxisteile des Arbeitsbuches werden ergänzt durch theoretische Kommentare zu pädagogischen, psychologischen und anthropologischen Aspekten der aufgezeigten kindgemäßen Gestaltung von Spielräumen. Diese Beiträge möchten die LeserInnen anregen, grundsätzlicher über die Bedeutung der Spielorte für die leib-seelische Entwicklung der Kinder nachzusinnen. Sie helfen, die eigene Praxis jenseits ökologischer und pädagogischer Modetrends argumentativ zu vermitteln.

Das Schlußkapitel richtet sich besonders an LeserInnen, die als MultiplikatorInnen in Verwaltung, pädagogischen Einrichtungen, Grünflächenämtern, Elterninitiativen u.ä. die Chance nutzen wollen und können, bestehende Spielflächen umzugestalten oder neue Spielräume zu erschließen. Der Autor teilt erfahrene Widerstände („Das Ganze führt in's Chaos!") mit und zeigt Wege auf, wie KooperationspartnerInnen und Materialquellen gefunden werden können.

Spielend leben lernen

Kinder und Jugendliche haben es heute schwer, sich spielend zu entwickeln. Der „Ernst des Lebens" tritt in vielfältigen Gestalten immer früher auf sie zu:
- in der Gefährdung und schleichenden Aushöhlung der biologischen Lebensgrundlagen
- in dem abstrakten schulischen Leistungssystem
- in der sozialen Isolierung im Familien- und Wohnbereich
- in epidemischen allergischen Krankheitssymptomen
- in der Verarmung großer Bevölkerungsgruppen
- in der Kälte betonierter Wohnsiedlungen
- in den alltäglichen Gewalterfahrungen.

Vor diesem sozialen und ökologischen Hintergrund erscheint das Anliegen des Arbeitsbuches zunächst wie eine nostalgische Rückblende, eine naturromantische Beschwörung von geschichtlich vergangenen Lebens- und Spielverhältnissen und es stellen sich Fragen:

Wie sollen Kinder und Jugendliche inmitten des angezeigten Problemwirrwarrs ausgerechnet in Naturspielräumen spielen? Leitet die Aufforderung zum Spielen und Phantasieren in naturnahen Spielgeländen nicht zum letztlich illusionären Rückzug aus dem problembeladenen Lebensalltag an? Ist es nicht sinnvoller, die Kinder und Jugendlichen in Müll- und Biotopaktionen für den Erhalt ihrer Umwelt zu aktivieren?

Sowohl gegenüber dem weitverbreiteten ökologischen Aktivismus als auch dem Nostalgie- und Fluchtvorwurf besteht die Grundüberzeugung dieses Arbeitsbuches darin, daß Kinder vor allem im Spiel mit den Dingen, Vorgängen und Lebensprozessen ihrer Lebenswelt leiblich, seelisch und geistig wachsen und reifen. Wenn es auch keine umfassenden Bestandsaufnahmen und Erklärungen zu den Inhalten, Formen und Beweggründen des kindlichen Spiels gibt, so sind die folgenden Aspekte für jedes Spielverhalten von elementarer Bedeutung:

- Das Kind entscheidet sich spontan, aus eigenem Antrieb, mit Gegenständen oder Personen zu spielen.
- Der freie Entschluß zum Spielen kann von dem Spielort, d.h. seiner Atmosphäre, seinen Materialien, seiner räumlichen Gestaltung und anderen Merkmalen angeregt, ja geradezu provoziert werden.
- Neben dem Ort entscheidet auch die den Kindern zur Verfügung stehende freie Zeit darüber, inwieweit sie intensive Spielerfahrungen gewinnen können.

Die knappen Anmerkungen zur Bedeutung des Spiels für die Entwicklung der Kinder mögen banal und abgestanden erscheinen, allein es bleiben die Fragen: Welchen Stellenwert hat der eigensinnige, spielerische Umgang der Kinder mit den Phänomenen und Vorgängen ihrer Umwelt im Wohnviertel, im Kindergarten, in der Schule für Eltern und PädagogInnen? Welche Aufforderungen zum geselligen, und sinnenvollen Spielen gehen von den Hausgärten, Grünflächen, Schulhöfen und öffentlichen Spielplätzen aus?

Spielraum-Werkstätten vor Ort

Seit mehreren Jahren wird die Frage nach den Spielräumen der Kinder und Jugendlichen in vielen pädagogischen Initiativen und sozialen Gruppen diskutiert und praktisch bearbeitet. Die Suche nach kindgemäßen Lebens- und Spielorten geht von der bedrückenden Einsicht aus, daß die „Planung unserer Städte offenbar nur für einen Alterstypus und da noch mangelhaft genug geschieht, und zwar für den erwerbsfähigen Erwachsenen. Wie das Kind zu einem solchen wird, scheint ein zu vernachlässigender Faktor. ... Die kindliche Eigenwelt als ein Bereich sozial Schwacher wird rücksichtslos manipuliert." (Mitscherlich 1965, S. 91 f).

Diese von dem Psychologen Alexander Mitscherlich in seinem Buch „Die Unwirtlichkeit unserer Städte. Anstiftung zum Unfrieden" bereits 1965 formulierte Kritik an der rigorosen Vorherrschaft wirtschaftlicher Interessen im Wohnungs- und Städtebau ist heute aktueller denn je. Denn eine Generation nach dem Einspruch Mitscherlichs zeigen sich unverkennbar die zerstörerischen Folgen der von ihm kritisierten Bau- und Siedlungspolitik: Die asphaltierten Straßen, gepflasterten Höfe, gestylten Grünflächen bieten Kindern keine weitläufigen Spielflächen, keine Tummelplätze und Rückzugsorte. Die angebotenen Standardspielplätze provozieren Langeweile und Vandalismus gleichermaßen.

Die Versuche, eine kindgemäßere Lebens- und Spielwelt zu schaffen, zielen nicht darauf, die Geräteparks der Spielplätze, Kindergärten und Schulhöfe zu erweitern. Es gilt vielmehr zu entdecken, welche Orte vor der Haustür, in der Nachbarschaft, in Kindertagesstätten, in Schulen und im Wohnviertel von den Kindern nicht als Spielräume genutzt werden dürfen bzw. durch ihre Anlage und Ausstattung die Spielinteressen und -bedürfnisse der Kinder nur eingeschränkt befriedigen können.

Die Rückbesinnung auf die Bedeutung des freien Spiels in einem die Sinne und Phantasie der Kinder anregenden Spielraum hat besonders im Bereich der Kindertagesstätten und Kindergärten zu ersten praktischen Konsequenzen geführt. Im Rahmen seiner Fortbildungsaktivitäten begleitet der Autor seit Ende der 80er Jahre in städtischen und ländlichen Regionen Initiativen von PädagogInnen, Eltern und Kindern, die das Außengelände ihrer Einrichtungen kindgemäßer zu gestalten versuchen. Diese gestalterischen Projekte zeichnen sich dadurch aus, daß sie in mannigfaltiger Weise Naturmaterialien wie Erde, Holz, Steine, Planzen wie Blumenstauden, Obststräucher und Bäume in das Außengelände einbringen. Dieses soll jedoch kein ökologisches Schutzbiotop werden, sondern mit Spielhütten, Werktischen und bewährten Geräten wie Schaukel und Rutsche einen Rahmen für vielfältige Spielaktivitäten bilden.

Im Verlauf der praktischen Umgestaltung des Außengeländes, die in Spielraum-Werkstätten stattfindet, entwickeln PädagogInnen, Eltern und Kinder einen neuen Blick für ihr Außengelände. Viele wundern sich, wie sie es „auf dem öden Platz so lange aushalten konnten“. Fast alle staunen, wie mit einfachen Materialien kreativ und atmosphärisch ansprechend gestaltet werden

kann. Mitten in der praktischen Arbeit erinnern sich PädagogInnen und Eltern an Spielorte und Spielweisen ihrer eigenen Kindheit. Sie stellen verblüffende Ähnlichkeiten zu ihrer gestalterischen „Arbeit“ mit Brettern, Wasser, Lehm, Weidenstäben, Pflanzen und Steinen fest.

Eigene Kindheits-Spielräume erinnern

Jenseits aller psychologischen, pädagogischen und politischen Argumente muß der Verfasser gestehen, daß sein Antrieb, nach kindgemäßen Spielorten zu suchen, letztlich den Erinnerungen an die Spielorte der eigenen Kindheit und den in ihnen gewonnenen Spielerfahrungen entspringt. Das Bedürfnis, Kindern selbstbestimmte Spielerfahrungen in naturnah gestalteten Spiellandschaften zu eröffnen, zeigt, daß der Autor selbst gerne in Räumen „spielt", die den Modergeruch von fauligem Unterholz und Laub, die das schummrige Licht von Hecken und Weidenbüschen und das Glucksen des schlammigen Wassergrabens bergen.

Nicht einmal 20 m vom Elternhaus entfernt begann ein Reich, das er schon weit vor dem Schuleintritt alleine oder mit FreundInnen betreten durfte. War der wacklige Brettersteg über den Graben überschritten, dann galt es nur noch eine – immer rutschige – Böschung hinaufzuklettern und nach zwei, drei Schritten tauchte ein Dickicht von Brombeeren, Schlehen und Haselnüssen auf, das nur kriechend oder tief gebückt durchquert werden konnte. Die Mühen wurden überreichlich belohnt, denn hinter dem Heckensaum lag ein Land, das von Erwachsenen weder betreten noch eingesehen wurde.

Die Hangterrasse war leicht vertieft und in ihrer Mitte hatten sich Bruchweiden in – aus damaliger Sicht – schwindelerregende Höhen über das gemeine Gestrüpp erhoben. In ihrem Schatten waren die Wildsträucher vertrocknet, so daß sich zwischen den Weidenstämmen die Räuber verschanzen konnten oder die Indianer ihre Zelte aufschlugen. Aus abgesägten Weiden- und Haselnußstäben, Hanfseilen, aufgeschnittenen Kartoffelsäcken, Moosplatten, Grasbüscheln, abgestaubten Bretterschwarten und Nägeln wurden Versteckhäuschen, Fallgruben und Winnetous Zelte gebaut.

Je nach der Jahreszeit wechselte die Stimmung und ergab sich eine veränderte Materiallage. Im Winter verlor das Gebüsch die leicht beängstigende dunkle Atmosphäre und ein starker Entdeckerdrang führte in die geheimsten Schatzecken, die Schneckenhäuser, Nüsse, Federn, Knochen, Dosen und Flaschen bargen. Wenn in der Dämmerung erste Schneeflocken auf das qualmende Lagerfeuer fielen, saßen Winnetou, Old Shatterhand und ihre FreundInnen leibhaftig vor ihren Zelten und rauchten ein Gemisch aus Heusamen und Brombeerblättern in ihrer Friedenspfeife.

Der persönliche Rückblick kann die durch Flurbereinigung und Dorferneuerung aus- und aufgeräumten Spielorte nicht rekonstruieren. Die bewahrten inneren Bilder veranschaulichen vielmehr, in welcher Weise der Spielort Spiel-, d.h. Lebenserfahrungen ermöglicht und geprägt hat. Aus der Rückbesinnung auf die Spielorte der eigenen Kindheit entstehen Bilder und Wünsche nach Spielräumen, in denen Eigeninitiative, Sinnenfreude und Phantasie ihre Orte finden.

Von den Schwierigkeiten, Spielräume kindgemäß zu gestalten

Unterschiedliche Perspektiven: Kinder – Erwachsene

Kinderspielplätze und Außengelände pädagogischer Einrichtungen werden in der Regel von Erwachsenen geplant und angelegt. Die auf diesen Spielgeländen installierten Spielgeräte werden ebenfalls von erwachsenen Designern und Konstrukteuren entworfen und gebaut. Die Öde und Tristesse der Standardspielplätze offenbart, daß die Erwachsenen bisher wenig Mühe darauf verwandt haben, die Kinderspielplätze aus der Perspektive der Kinder anzulegen. Dies ist nicht einfach, gleichwohl nicht unmöglich.

Möglicherweise hält so mancher Leser/so manche Leserin die Behauptung, die real existierenden Spielplätze seien kinderunfreundlich für überzogen und unangebracht. Dem Autor ist dieser Zweifel an seiner Spielplatzkritik aus zahlreichen Spielgeländeerkundungen, aus Gesprächen mit Spielplatzplanern und VertreterInnen von Spielgeräteherstellern bekannt. PädagogInnen versuchen, kritische Anfragen vor Ort mit den Hinweisen „Aber die Kinder spielen doch gerne im Sandkasten!" bzw. „Die Kinder haben das Spielgerät gut angenommen!" zu entkräften. Eine konstruktive Diskussion über den Wert und Unwert des Spielplatzes setzt in der Regel erst ein, wenn gemeinsam überlegt wird, was den Kindern alles abgenommen wird, wenn sie darauf angewiesen sind, quadratische Sandkisten und kesseldruckimprägnierte Gestelle als Spiel- und Erlebnisorte anzunehmen.

Dieser Entzug an sinnen-vollen Spielräumen setzt oft bereits im Hausgarten bzw. im direkten Wohnumfeld ein. In dem Maße, in dem die Gärten sich von Versorgungs- und Lebensflächen zu Ziergärten verwandelt haben, ist auch ihre Funktion als Spielgarten für die eigenen Kinder und die aus der Nachbarschaft geschrumpft. Ein Sandkasten ersetzt die Grabelöcher in humoser Beeterde, ein Plastikzelt bietet saisonal einen Unterschlupf, den Geräteschuppen oder eigene Bretterbuden einst das ganze Jahr hindurch gewährten. Wohnen die Eltern mit ihren Kindern in einem Mietshaus, womöglich mit mehreren Mietparteien, dann gilt es für die Kinder, die Grünflächen-Botschaft der Erwachsenen „Betreten verboten!" möglichst früh zu verinnerlichen. Die Wohnungsgesellschaft, unterstützt von engagierten Eltern, stellt ein zugiges Viereck als Ausgleichs-Spielbiotop zur Verfügung. Nach einigen Monaten haben Hunde, Katzen, Vandalen und verlorene Trinker die „Spieloase" eigenen Zwecken zugeführt.

Wie groß die Allianz unterschiedlicher Gruppen gegen eine kindgemäßere Lebens- und Spielwelt ist, zeigt das rabiate „Kultivieren" brachliegender Grundstücke bzw. das „Sanieren" ungenutzer Schuppen und Hallen. Diese Brachflächen bieten, soweit sie auftauchen, eine ideale Ausgangssituation für die Spielinteressen von Kindern und jüngeren Jugendlichen. Die natürliche Vegetationsfolge sorgt für einen Pflanzenbewuchs, der, über Gräser, Stauden, Sträucher und Bäume, das Grundstück zu einer kleinen Landschaft werden läßt. Die offene Erde lädt zu Grabungen ein, die Löcher, Dämme und Gruben hervorbringen. Im Schutz schnell wachsender Salweiden lassen sich Bretterverschläge und Hütten zimmern, in denen die Kinder „ihr" Gelände bewohnen und aneignen können. Diese „wilden" Spielplätze werden in der Regel in der Nähe von Wohnsiedlungen nicht geduldet. Amtliche Verordnungen zur Bekämpfung der Wildkräuter in Siedlungsbereichen und der Ruhe- und Ordnungssinn angrenzender KleingärtnerInnen und HausbesitzerInnen treffen sich in ihrem Interesse an Ruhe und Ordnung und leiten Hand in Hand die Säuberung der Brachflächen ein. Für die Kinder bedeutet dies, daß sie im

Nahbereich ihrer Wohnung keine „eigenen" Orte mehr antreffen, denen sie ihre Zeichen eindrücken dürfen und die an ihnen Spuren hinterlassen können. Sie müssen lernen so zu sein, wie die Kleidung, die sie tragen: pflegeleicht.

Das Spielgelände als Gerätesammlung

Die zunächst im städtischen Bereich, mittlerweile auch in ländlichen Regionen errichteten Kinderspielplätze sollen den Verlust der Freiflächen und Treffpunkte kompensieren. Die Grundausstattung dieser öffentlichen Spielflächen besteht aus metallenen oder hölzernen Spielgeräten, die den Kindern vielfache Möglichkeiten zum Klettern, Balancieren, Rutschen, Wippen, Schaukeln u. ä. Bewegungsformen geben. Die Kleinkinder können in Sandkästen graben und bauen.

Die weitgehende Konzentration auf das motorische Spielverhalten der Kinder reduziert den Spielplatz zu einem Ort der körperlichen Ertüchtigung. Soziales Spielen, handlich-praktische Unternehmungen, entdeckende Erkundungen gehen im Geräte-Park leer aus. Die auf dem Markt angebotene Vielfalt der Spielgeräte schlägt sich gestalterisch meist als zusammenhanglose Aneinanderreihung einzelner Spielelemente nieder. Die Konstruktion und der Aufbau der Geräte folgen den gesetzlich fixierten Sicherheitsbestimmungen der Gemeindeunfallverbände und technischen Überwachungsdienste.

Das gestalterische Konzept der öffentlichen Spielplätze liegt in seinen Grundzügen auch der Gestaltung des Außengeländes in Kindergärten und Kindertageseinrichtungen zugrunde. Die Dominanz der Spielgeräte hat die ehemals als „Garten" bezeichnete Spielfläche in den elementarpädagogischen Einrichtungen weitgehend zu einem Bewegungsraum werden lassen, in dem die Sicherheit der Kleinkinder durch die Aufsicht der PädagogInnen gewährleistet werden soll. Das pädagogische Personal kann seiner Aufsichtspflicht nur genügen, wenn der Blickkontakt zu den auf den Geräten spielenden Kindern gegeben ist.

Dem – aus Sicherheitsgründen einleuchtenden – Verzicht auf Sträucher, Wälle und Pergolen, die den Spielraum unterteilen und formen könnten, entspricht ein Verlust an atmosphärischer Wirkung. Die Spielbereiche sind den Witterungseinflüssen (Sonne, Wind, Regen) ungeschützt ausgesetzt. Das Zusammenspiel von Rasen, Sand und hölzernen Geräten erzeugt eine monotone Stimmung, die auch jahreszeitlich kaum abgewandelt wird.

Das atmosphärische Defizit des konventionell gestalteten Außengeländes mindert das Wohlbefinden der Kinder und Erwachsenen, die das Spielgelände paradoxerweise als einen langweiligen und stressigen Ort erleben. Denn die gestalterische Einfalt, die sich in der großflächigen Anordnung der Spielelemente ausdrückt, kennt weder eine emotional ansprechende Färbung des Spielortes noch respektiert sie das Bedürfnis der Kinder nach Intimität.

Die Kinder bewegen sich in der Mehrzahl der elementarpädagogischen Einrichtungen im Außengelände buchstäblich auf dem Präsentierteller, den neugierigen und besorgten Blicken der Erwachsenen ausgesetzt. Auch die aufgestellten Spielhäuser sind aufgrund überdimensionaler Öffnungen für neugierige Blicke transparent. Die Trampelpfade und Schlupflöcher im Rand- und Begleitgrün der Spielflächen dokumentieren, wie beliebt und notwendig – aus der Sicht der Kinder – Spielnischen, Rückzugsmöglichkeiten und Verstecke sind. Der Spielstress wird nicht zuletzt durch den Kampf um den besten Platz am Spielgerät und durch sich widersprechende Spielaufforderungen sogenannter integrierter Spielgeräte erhöht. So ist ein intensives Rollenspiel nicht möglich, wenn der Spielturm gleichzeitig als Spielhaus, Klettergerüst und Rutschenträger ausgelegt ist.

Typische Problemfelder

Neben den vorangehend erörterten allgemeinen Defiziten und Widersprüchen herkömmlicher Spiel- und Freiflächen lassen sich bei näherem Hinsehen eine Reihe einzelner weit verbreiteter Problemfelder und Barrieren ausmachen, die das Spielverhalten der Kinder beschränken bzw. zentrale Spielerfahrungen blockieren. Einen besonders aufschlußreichen Problemfall stellen die haus- und hüttenähnlichen Aufbauten dar, die in rustikalen und folkloristischen Varianten angetroffen werden.

In der Regel sind sie aus imprägnierten, versiegelten oder beschichteten Holzmaterialien hergestellt. Ihr steriles Aussehen entspricht dem rationalisierten Fertigungsverfahren der industriellen Serienproduktion. Diese glatten Fertighäuschen haben keine Risse, eigenwillig verlaufenden Proportionen und griffige Materialien, an denen Auge und Hand sich entlangtasten könnten. Sie sind zu glatt, zu perfekt und zu funktional. Die innere Ausstattung und die Bespielbarkeit der Häuschen stehen in einem auffallenden Kontrast zu den hohen finanziellen Anschaffungskosten. Die Ausmaße der Spielhäuschen sind oftmals so bescheiden, daß sie für ein soziales Spielen mehrerer Kinder keinen Platz bieten. In vielen Fällen fehlt ein Fußboden, so daß die Wohnlichkeit des Häuschens und Aktivitäten des Einrichtens und Pflegens stark reduziert sind. Neben den Konstruktions- und Ausstattungsmängeln verstärkt der oft willkürlich gewählte Standort des Spielhauses dessen Unattraktivität: inmitten der Rasen- bzw. Sandfläche aufgestellt oder zwischen Spielgeräte eingeklemmt verkommt es vielfach zu einem Leerraum, in dem Autoreifen und sperrige Spielzeuge herumliegen.

Die Unbehaustheit der Spielhäuser findet ihr Pendant in der Einfallslosigkeit und Tristesse des Sandkastens, der für den Hausgarten nicht selten als Plastikschüssel mit Deckel gefertigt wird und in den Spielgeländen und -plätzen als steinerne Fallgrube oder als hölzerne Sandkiste erscheint. Unter atmosphärischen und praktischen Gesichtspunkten wartet der Sandbereich mit allen konstatierten Negativa auf: heiß, wenn die Sonne scheint, zugig, wenn der Wind weht, allen Blicken ausgesetzt, zu flach, zu eng, zu sauber, um wirklich graben, bauen, wühlen und suhlen zu können. Der in dosierten Gaben angebotene Sand ist fast durchgehend das einzige Spielmaterial, das die Spielgelände den Kindern anbieten. Die Fülle der Naturmaterialien von Steinen über Muscheln, Tannenzapfen, Kastanien, Holz in unterschiedlichen Formen und Beschaffenheiten, Erde und Wasser wird dem Spiel der Kinder vorenthalten. Arbeitstische, Holzböcke, Webrahmen u.a. Werkstattelemente laden lediglich im Werkraum zum gestalterischen Spiel ein.

Viele Möglichkeiten, mit dem elementaren Material Erde spielerisch umzugehen, bieten Blumen und Gemüsebeete. Von abgebrochenen und frustrierenden Versuchen, mit Kindern zu gärtnern, erzählen verwaiste Beete und verwilderte Garteneckchen. Auf den ebenerdigen Beeten haben Radieschen, Möhren und Ringelblumen einen schweren Stand. Im Gedränge und aus Unachtsamkeit wird so manche Pflanze zertreten. An anderer Stelle verdrängt das vielgescholtene Unkraut die Gartengewächse.

Die Resignation und Unsicherheiten, die in vielen Gartenschilderungen engagierter PädagogInnen anklingen, prägen auch die Art und Weise, in der Kinder mit Pflanzen umgehen dürfen. Einerseits schützen Spiel- und Kletterverbote die Sträucher und Bäume vor den Kindern, andererseits schützen Berührungs- und Pflanzverbote die Kinder vor den Pflanzen. Schwarz umrandete Listen „giftiger" Pflanzen führen dazu, daß umstandslos alle rot bebeerten Sträucher in den Ruch der giftigen Tollkirschen geraten.

Das Kletterverbot in Bäumen und Sträuchern ist letztlich ein Reflex der DIN-Normen und TüV-Certifikate, die die Sicherheit des Spielgeländes garantieren sollen. Im Gefolge des Sicherheitsdenkens werden auch Gräben, Mulden, Wasserstellen, Wälle und bepflanzte Spielhügel von den Spielflächen verbannt. Die vereinzelt vorhandenen Spielhügel sind kahlköpfige Erdhaufen, oft zu niedrig, um einen Ausblick zu gewinnen, zu ungemütlich, um längere Zeit auf ihnen zu spielen.

Spielorte als Lernräume

Die umfassende Bedeutung der Spielplätze und -flächen im Nahbereich der Kinder wird erst erkennbar, wenn die besondere Art des kindlichen Lernens in den Blick kommt. Das Kind im Kindergarten- und Grundschulalter lernt nicht, indem die Erwachsenen ihm in Begriffen und Bildern Kenntnisse über Dinge und Menschen mitteilen. Das Kind lernt vielmehr, indem es sich mit allen Sinnen in seiner Umwelt umschaut, sie berührt, anfaßt und spielend bearbeitet.

Die Umwelt, die aus lebenden und unbelebten Naturelementen wie Pflanzen und Steinen, aus Häusern, Fabriken, Straßen und vielen anderen von Menschen geschaffenen Dingen besteht, ist mehr als eine bloße Kulisse der inneren, leiblich-seelisch-geistigen Entwicklung des Kindes. Sie ist der Erfahrungs- und Erlebnisraum, der über die Intensität und Qualität der Sinneserfahrungen der Kinder entscheidet. Diese Sinneserfahrungen wiederum sind der Ausgangs- und Entstehungsgrund für das Staunen, Fragen und die ersten Denkversuche des Kindes.

Dieses Arbeitsbuch geht davon aus, daß die gesunde Entwicklung des Kindes wesentlich davon abhängt, daß es in seiner Lebenswelt vielfältige Wahrnehmungen und Aktivitäten realisieren kann. Die Ausrichtung der Lebens-und Spielorte Garten, Grünflächen, Straßen, Freiflächen und Spielplätze auf die Interessen der Erwachsenen und die Reduzierung der kindlichen Bewegungs- und Spielbedürfnisse auf das Bedienen von Spielgeräten lähmt die Sinne und den Tatendrang der Kinder. Die Lebens- und Spielorte provozieren zunehmend weniger spontane emotionale Regungen und selbstbestimmte Unternehmungen. Mit dem Verlust der äußeren Spiel- und Bewegungsräume schwinden auch die persönlichen inneren Bewegungen, die Erinnerungen an sinnlich vermittelte Erlebnisse und Erfahrungen.

Von den Grundformen und -bedingungen des kindlichen Lernens ausgehend thematisiert das Arbeitsbuch in besonderer Weise die Bedeutung der Natur für die integrale Entwicklung der kindlichen Persönlichkeit. Die Natur ist in ihren Elementen und Phänomenen sowohl Teil der Lebenswelt als auch die biologische Grundlage des Lebens von Erwachsenen und Kindern. Für die Entwicklung der Kinder ist das Erleben von Naturphänomenen und der Umgang mit Naturelementen besonders bedeutsam und notwendig:

Das Spielen in naturnah gestalteten Spielräumen kennzeichnet eine Spielatmosphäre und eine Erlebnisweise, die sowohl die physiologische als auch die seelisch-emotionale Gesundheit des Kindes fördert.

Für Erwachsene wird diese Annahme nachvollziehbar, wenn sie vergleichen, wie einerseits das Spazieren im Wald und andererseits das längere Gehen auf geteerten oder gepflasterten Wegen auf ihr Befinden einwirkt. Der Waldspaziergang spricht die Sinne und Organe in der Weise an, daß sie zu aktiven Reaktionen und Tätigkeiten angeregt werden. Die Vielfalt der Formen und die unterschiedliche Beschaffenheit der einzelnen Gegenstände wirkt anregend und ausgleichend zugleich auf den Organismus und die Psyche. Der Gang auf der Teerstraße hingegen ruft Müdigkeit, Streß und Langeweile hervor. Die Eintönigkeit der Straßenlandschaft und der gleichförmige Teerbelag verhindern eine belebende Aktivierung der Sinne und blockieren das Wohl-Ergehen der Füße.

Die geschilderte „Abhängigkeit" des menschlichen Wohlbefindens von der Beschaffenheit der Lebensräume gilt in verstärktem Maß für die kindliche Entwicklungsphase. Denn im Unterschied zu den Erwachsenen können Kinder Räume nicht funktional als Büro- oder Bankräume besetzen, sondern sind in ihrem Befinden und Tun auf die Spiel- und Erfahrungsmöglichkeiten ihrer Lebensräume angewiesen.

Spielhäuser selber bauen

Wenn Kinder sich Hütten und Häuschen bauen, sind sie in ihrem Element. Sie schaffen sich Lebens- und Spielräume, die ihren eigenen „Körperräumen" und ihrem Raumempfinden entsprechen. In den mit Eifer und Hingabe gebauten Hütten sind sie zu Hause, schaffen sie sich ihre „eigenen vier Wände". Zum Hüttenbauen nutzen sie alle Materialien, die sich in irgendeiner Weise aufrichten, befestigen und aufspannen lassen. Decken, Tücher, Seile, Hölzer, größere Verpackungen, grüne Zweige und Äste verlieren im Spiel ihre ursprünglichen Funktionen und verwandeln sich in Wände, Dächer, Böden und Decken.

Das Bedürfnis der Kinder, mit einfachen Materialien eigene Phantasie-Hütten zu bauen, sollte immer wieder durch gemeinsame Aktionen zur Materialbeschaffung angesprochen und bestärkt werden. Die folgenden Vorschläge zum Bau weitgehend immobiler Holzhäuschen verstehen sich als eine Ergänzung zu den bewegten und improvisierten Bauten der Kinder. Bevor der Entschluß zum Bau neuer Spielhäuser gefaßt wird, sollte ein Blick auf die eventuell bereits vorhandenen Spielhütten geworfen werden. Oft sind es kleine Ergänzungen oder Veränderungen, die einen zugigen Unterstand zu einer wohnlichen Hütte werden lassen:

Steht die Hütte auf freier Fläche oder hat sie eine Anbindung an eine Nische, einen Baum, eine Sitzgruppe, eine Spielgrube? Sollte sich die Hütte nicht mehr verrücken lassen, dann könnte sie durch eine begrünte Pergola, einen kleinen bepflanzten Wall, einen Flechtzaun oder eine Heckenpflanzung umrahmt und somit in das Spielgelände integriert werden.

Nicht selten fehlen Fußboden, Wandverkleidungen, Dachabdichtungen, Regale, Sitzgelegenheiten und Spieltische in den Spielhütten. Die unten angeführten Beispiele enthalten Hinweise und Anleitungen, wie die angeführten Defizite behoben werden können.

Das Spielhaus

Materialien
4 Rundhölzer/Pfähle 2 m x 10 cm
2 Rundhölzer/Pfähle 2,5 m x 10 cm
3 Kanthölzer 3 m x 8 cm x 10 cm
5 Kanthölzer 2,50 m x 6 cm x 8 cm
9 qm Schalbretter à 1,5 m (Dach)
27 qm Schalbretter à 2,5 m (Wände, Fußboden)
1 Rolle Bitumen-Dachpappe
500 g Dachpappstifte
5 kg 65er Nägel
6 St. 180er Nägel
12 St. 130er Nägel

1. Bauschritt: Setzen der Pfosten
Auf einer ebenen Fläche setzen wir den ersten 2 m langen Eckpfosten 40 cm tief in die Erde ein, so daß er einen 1,60 m langen Ständer bildet. Wir heben dazu ein 40 cm tiefes und ca. 30 cm breites Loch aus und stellen den Pfahl senkrecht (Wasserwaage anhalten) in das Loch. Nach und nach füllen wir die Aushuberde um den Pfahl und stampfen sie mit Rundhölzern fest.

Vom Fußende des Pfahls spannen wir zwei Schnüre, die zwei Wände des Hauses markieren. Eine Schnur richten wir so aus, daß sie den Verlauf der ersten Wand anzeigt. Auf dieser Schnur markieren wir eine Stelle, die 60 cm vom Eckpunkt entfernt liegt. Auf der zweiten Schnur markieren wir nun eine Stelle, die 80 cm vom Eckpunkt entfernt liegt. Wir rücken nun diese Schnur so lange, bis der Schrägabstand der beiden markierten Stellen 1 m beträgt. Der Eckwinkel beträgt nun 90 Grad und ist somit ein rechter Winkel.

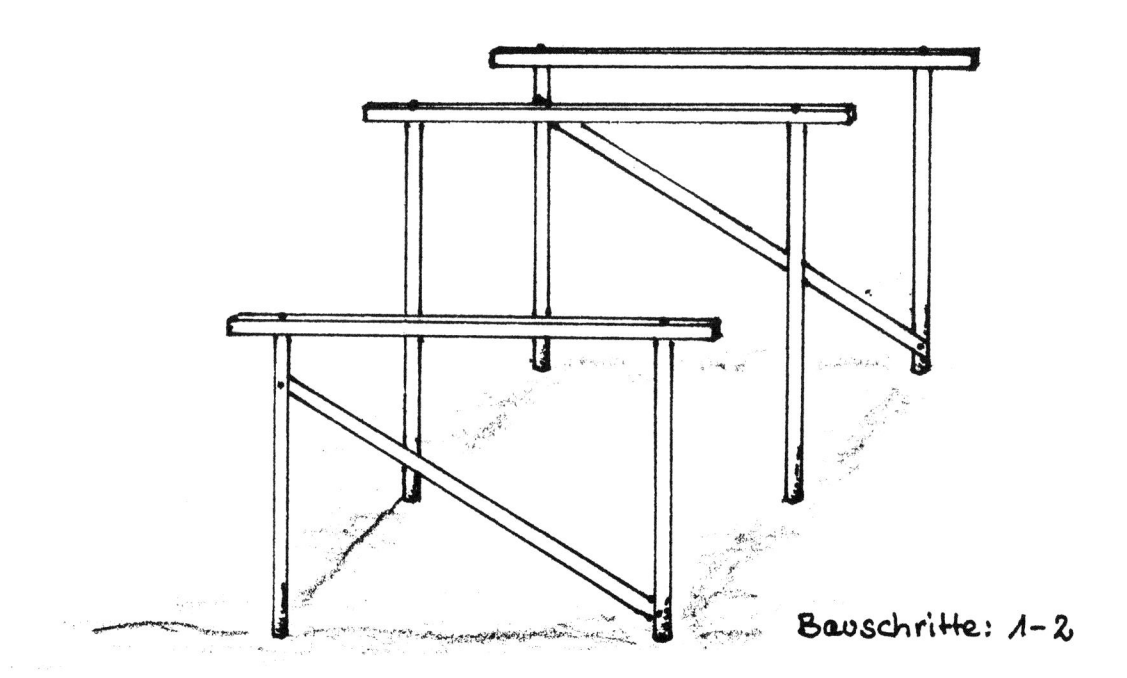

Bauschritte: 1-2

In einem Innenabstand von 2,30 m vom Eckpfahl werden die beiden nächsten Eckpfosten gesetzt. Nach dem beschriebenen Verfahren wird auch die Position des vierten Eckpfostens bestimmt. Um den rechten Winkel der vier Wände zu kontrollieren, können wir die Diagonalen zwischen den Eckpfählen messen. Stimmen ihre Längen überein, dann sind die rechten Winkel gut eingemessen.

Die Höhe der Pfosten ist nach der Höhe des ersten Pfostens auszurichten. Wir halten jeweils ein Richtscheid bzw. spannen eine Schnur vom oberen Ende des ersten Pfostens zu den übrigen Pfosten. Wir legen die Wasserwaage an Schnur oder Richtscheid an und können nun feststellen, ob die Verbindung zwischen den Pfählen waagerecht oder schräg verläuft.

Alternativ zu dem beschriebenen Verfahren lassen sich die rechten Winkel des Spielhauses auch mit einem selbstgefertigten Holzwinkel (rechtwinkliges Dreieck) bestimmen.

Alle BaumeisterInnen, die nicht hundertprozentig auf den rechten Winkel fixiert sind, können die Ecken ihres Spielhauses auch bestimmen, indem sie mit vier Brettern einen Rahmen legen und an den Enden bündig aneinander heften. Mit dem Augenmaß können sie den „rechten Winkel" abschätzen und in den Ecken die vier Tragepfosten setzen.

Die beiden 2,5 m langen Pfosten, die den Firstbalken tragen, setzen wir jeweils in die Mitte von zwei gegenüberliegenen Wänden ein. Sie sollen die Eckpfosten um 40 cm überragen. Zur Stabilisierung der Ständer heften wir an ihren Innenseiten je ein schräg verlaufendes Brett. Diese Bretter verhindern, daß im Verlauf der weiteren Montage die Position der Pfosten verändert wird.

2. Bauschritt: Befestigen der Dachbalken

Die Kanthölzer werden mit der schmaleren Seite so aufgelegt, daß sie jeweils 25 cm über die Pfosten hinausragen. Mit je einem 180er Nagel werden die Kanthölzer auf den Pfosten befestigt.

3. Bauschritt: Verschalen der Wände

Die Verschalung (Verbretterung) der Wände kann waagerecht als sogenannte *Rollschalung* ausgeführt werden. Dabei werden die Bretter von unten beginnend mit 65er Nägeln so befestigt, daß das obere Brett jeweils 2 cm über das untere Brett hinausragt. Auf diese Weise werden die Fugen zwischen den Brettern verdeckt. Wind und Wasser können so nicht durch die Fugen in das Innere des Spielhauses eindringen.

4. Bauschritt: Verbrettern des Daches

Die Höhe der vier Eckpfosten (1,60 m) und der beiden Pfosten (2 m), die den mittleren Dachbalken (First) tragen, ermöglicht es, das Dach als ein sogenanntes *Satteldach* auszuführen. Die Bretter werden dabei mit 65er Nägeln so aufgenagelt, daß die beiden Dachflächen am First zusammenstoßen und an ihren tieferen Längsseiten die Wände um knapp 20 cm überragen.

5. Bauschritt: Eindecken des Daches

Da der Neigungswinkel des Daches unter 30 Grad liegt, sollte die Dachabdeckung mit Dachpappe erfolgen. Wir verwenden keine Teer-Dachpappe, sondern die 500er Bitumen-Dachpappe. Diese ist besandet und so stark, daß sie in einfacher Lage aufgebracht werden kann. Die erste Bahn wird mit einem Überstand von 10 cm waagerecht entlang der unteren Dachkante aufgelegt und mit Dachpappstiften am unteren Rand befestigt. Die folgende Bahn soll die untere Bahn um ca. 10 cm bis 15 cm überlappen.

6. Bauschritt: Anbringen der Dachrinne

Die beiden Dachtraufen werden zunächst verstärkt, indem je ein Brett auf ihre Unterseiten aufgenagelt wird. Ein weiteres Brett wird nun jeweils von außen sozusagen auf die Stirn der Dachtraufe genagelt. Die überstehende Dachpappe wird abschließend in die beiden Rinnen hineingebogen und mit Dachpappstiften befestigt.

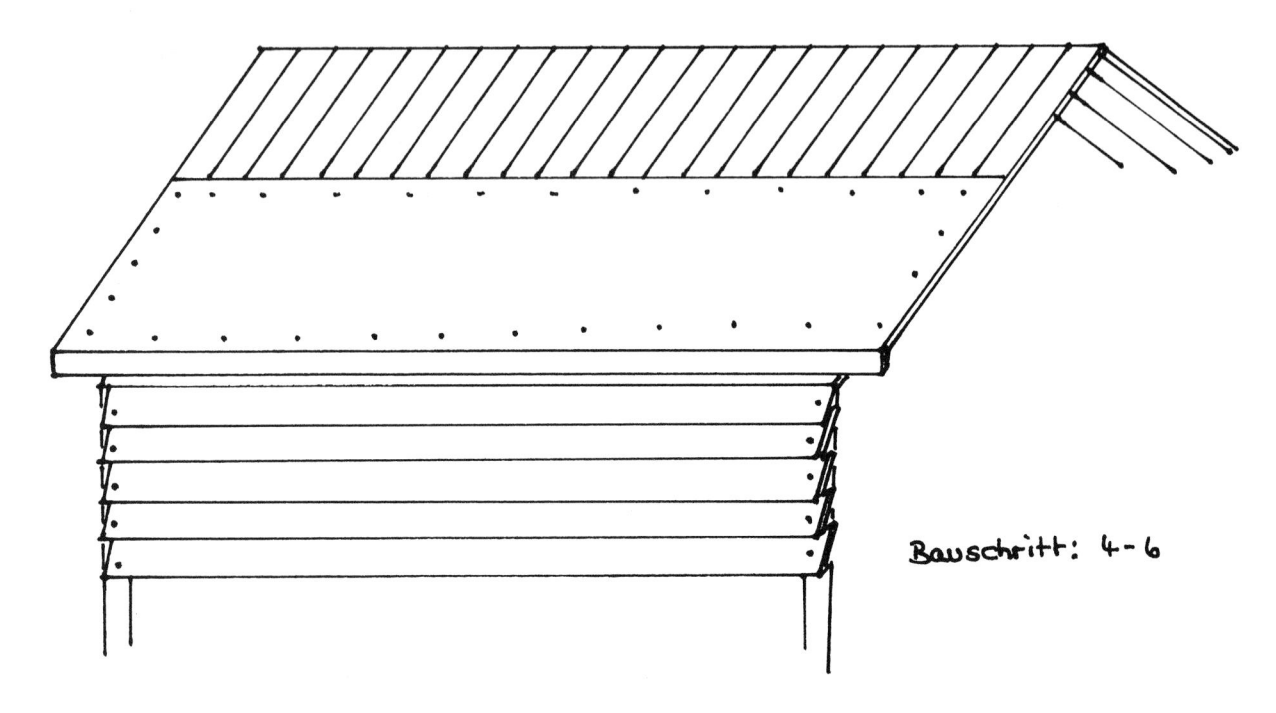

Bauschritt: 4 - 6

7. Bauschritt: Legen des Fußbodens

Zum Schutz gegen die Feuchtigkeit unterlegen wir die Kanthölzer (2,5 m x 6 cm x 8 cm), die den Fußboden tragen, mit einer 25 cm breiten Dachpappe (Bitumen). Das erste Kantholz legen wir waagerecht (Wasserwaage auflegen) an die Füße zweier Eckpfosten und nageln es mit je zwei 130er Nägeln an. Das zweite Kantholz legen wir an der gegenüberliegenden Seite an und legen ein gerades Richtbrett hochkant auf die beiden Kanthölzer. Die aufgesetzte Wasserwaage zeigt nun an, ob die Balken planliegen oder ob ein Gefälle zwischen ihnen besteht. Im letzteren Fall muß der noch nicht befestigte Balken entweder höher oder tiefer gelegt werden und kann dann mit je zwei 130er Nägeln befestigt werden. Nachdem wir das dritte Kantholz als Auflage der Fußbodenbretter an den Füßen der mittleren Pfosten befestigt haben, werden auch die beiden restlichen Kanthölzer so gelegt, daß die Abstände zwischen den Kanthölzern ca. 55 cm betragen. Die restlichen beiden Kanthölzer werden nicht angenagelt, sondern soweit erforderlich können sie mit Resthölzern oder Holzkeilen unterlegt werden. Abschließend werden die Fußbodenbretter mit 65er Nägeln aufgenagelt.

Die Sorge, daß die Kinder sich an dem ungehobelten Schalbretterfußboden beim Barfußlaufen verletzen könnten, ist unbegründet. Die Fußbodenoberfläche wird sehr schnell durch das alltägliche Begehen „glattgetreten". In Spielhäusern, die von Kleinkindern unter drei Jahren benutzt werden, kann der Fußboden mit gehobelten Rauhspundbrettern verlegt werden.

8. Bauschritt: Tür und Fenster

Das Türblatt besteht aus einer Bretterlage, die durch zwei Querriegel (Bretter) oben und unten und durch eine Diagonalstrebe (Brett) zusammengehalten werden. Mit zwei im Baumarkt erhältlichen Beschlägen wird die Tür an den Seitenpfosten angeschlagen.

Das Fenster kann während dem Aufbau des Spielhauses in eine Wand eingebaut oder nachträglich in eine Wand eingesägt werden. In beiden Fällen wird die Breite des Fensters mit zwei senkrecht verlaufenden Brettern oder Kanthölzern (6 cm x 4 cm x 1,70) markiert. Das Fenster sollte nicht zu groß sein (70 cm x 50 cm) und nicht verglast werden. Ein Vorhang birgt keine Verletzungsgefahr und wirkt ästhetisch ansprechend.

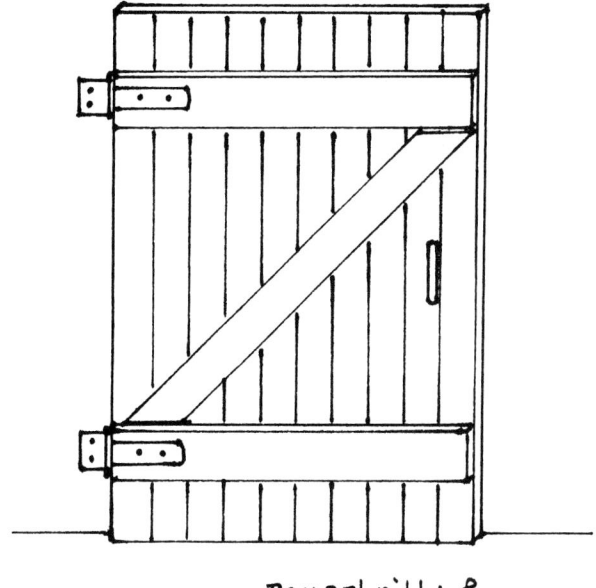

Bauschritt: 8

Das Pfahlhaus

Das abgebildete Pfahlhaus stellt eine Variante zum ebenerdigen Spielhaus dar, die ein anderes Raumgefühl und -erleben eröffnet. In der Bauweise unterscheiden sich die beiden Haustypen in den folgenden Details:

Die Eckpfosten des Pfahlhauses sind 2,50 m lang und werden 50 cm tief in die Erde eingesetzt. Die beiden Pfosten, die den First tragen, sind 3 m lang und werden 50 cm tief eingesetzt.

Die Kanthölzer, die den Fußboden tragen sind 10 cm x 8 cm dick und werden mit 160er Nägeln an die Ständer so angenagelt, daß zwischen dem Fußboden und dem Erdgrund ein 50 cm hoher Freiraum besteht. Der Fußboden wird mit 3 cm dicken Dielenbrettern, die mit 80er Nägeln aufgenagelt werden, ausgelegt.

Die Arbeitshütte

Materialien

2 Rundhölzer/Pfosten 2 m x 10 cm
2 Rundhölzer/Pfosten 2,5 m x 10 cm
2 Kanthölzer 3 m x 8 cm x 10 cm
7,5 qm Schalbretter (Dach) a 2,5 m
5 qm Schalbretter (Rückwand) a 2,5 m
8 qm Schalbretter a 2 m (Seitenwände)
2 Rundhölzer 1 m x 8 cm
2 Kanthölzer 2 m x 6 cm x 8 cm
3 Kanthölzer 0,6 m x 4 cm x 6 cm
2 Dielenbretter 2 m x 4 cm x 30 cm
1 Rolle Bitumendachpappe
4 St. 180er Nägel
8 St. 160er Nägel
12 120er Nägel
2,5 kg 65er Nägel
250 g Dachpappstifte

Die handwerklichen Aktivitäten im Außengelände können durch den Bau einer Arbeitshütte gefördert und räumlich konzentriert werden. Gärtnerische Arbeiten wie Ein- und Umtopfen von Pflanzen, Mischen von Saaterde, Trocknen von Blumen und Kräutern oder gestalterische Holz-, Ton-, Lehm- und Weidenarbeiten können wetterunabhängiger im Freien ausgeführt werden.

Die Arbeitshütte sollte eine Grundfläche von ca. 2,5 m x 2 m haben und an den beiden Breitseiten und einer Längsseite verschalt sein. Der Boden wird mit Holzhäcksel abgedeckt; er kann auch als Holzfußboden ausgelegt werden (s.o. S. 21). Das Dach wird als schiefe Ebene (*Pultdach*) gestaltet, die auf einer Längsseite höher aufliegt, so daß Regen und Tauwasser abfließen können.

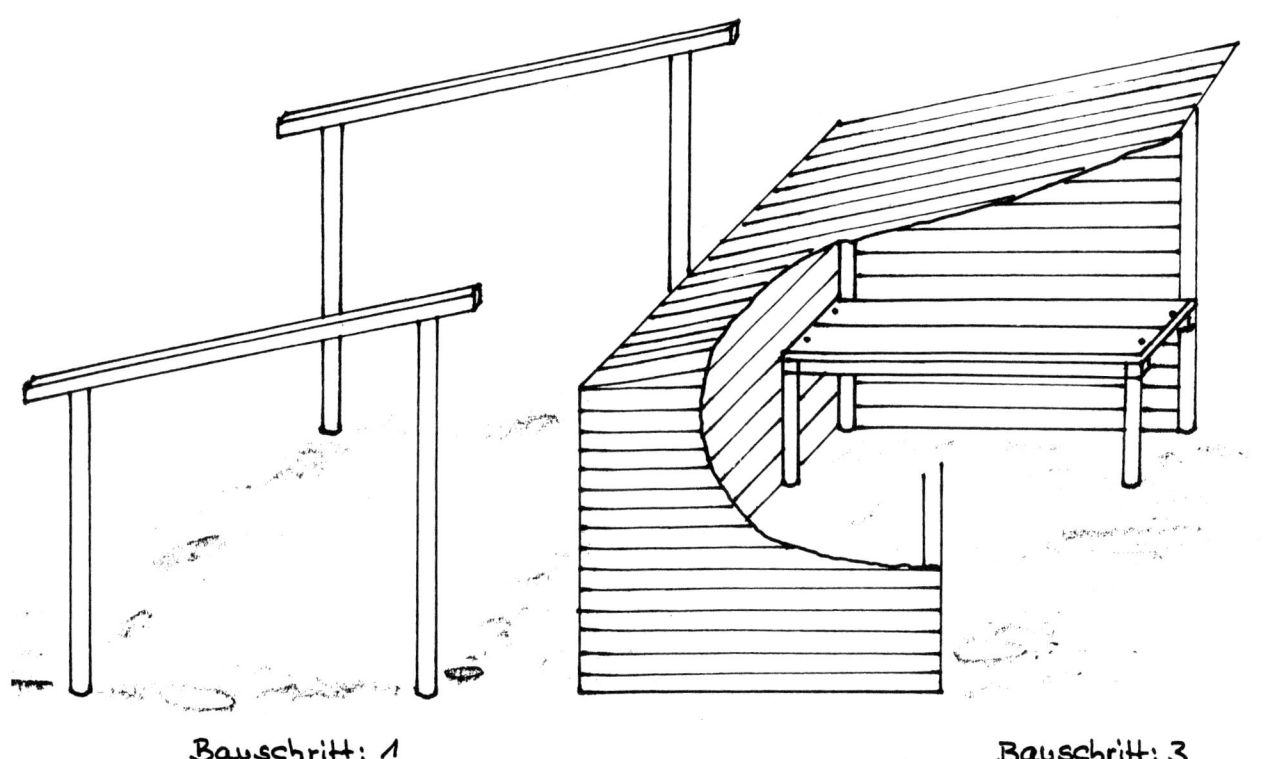

Bauschritt: 1

Bauschritt: 3

1. Bauschritt: Das Grundgerüst

Zunächst werden zwei Pfosten mit Innenabstand 2,30 m als Träger der tieferen Dachseite gesetzt. Sie sollten ca. 1,60 m aus der Erde ragen. Nach Augenmaß setzen wir nun die beiden höheren Pfosten (ca. 1,90 m) als die Träger der höheren Dachseite. Die beiden höheren und beiden tieferen Pfosten werden jeweils mit der Wasserwaage in ihrer Höhe ausgelotet.

2. Bauschritt: Pultdach und Wände

Die beiden Dachbalken werden mit je einem 180er Nagel waagerecht auf die Pfosten aufgenagelt. Sie sollten seitlich ca. 25 cm überstehen. Die Verschalung der drei Wände erfolgt als Rollschalung (s.o. S. 20).

Die Dachbretter werden bündig nebeneinander genagelt und bilden an der vorderen (höheren) Dachseite und hinteren Dachseite einen ca. 25 cm langen Dachüberstand. Auf die Dachbretterschalung werden die Bitumenbahnen parallel zur Dachlängsseite verlegt (s.o. S. 20).

3. Bauschritt: Der Arbeitstisch

An einer Breitseite kann ein Arbeitstisch angebracht werden. Parallel zu den beiden Ständern

der Breitseite (60 cm Abstand) werden zwei weitere 8 cm dicke Rundhölzer in die Erde eingesetzt, so daß sie 60 cm aus der Erde ragen. Ein Kantholz (2 m x 6 cm x 8 cm) wird mit 160er Nägeln auf die Pfosten aufgenagelt. In gleicher Höhe wird ein gleichstarkes Kantholz an den Ständern der Breitseite befestigt. Die beiden parallel zueinander liegenden Kanthölzer werden mit drei Kanthölzern (60 cm x 6 cm x 4 cm) verbunden. Auf diese Kanthölzer werden zwei Dielenbretter (2 m x 4 cm x 30 cm) genagelt. Sie bilden eine stabile Arbeitsfläche.

Der Kaufladen

Materialien

2 Rundhölzer/Pfähle 2,30 m x 8 cm
2 Rundhölzer/Pfähle 2 m x 8 cm
2 Kanthölzer 2,5 cm x 6 cm x 8 cm (Dach)
5 Kanthölzer 2 m x 6 cm x 8 cm (Fußboden)
5 qm Schalbretter à 2 m (Dach)
6 qm Schalbretter à 1,5 m (Fußboden/Seitenwand)
4 qm Schalbretter à 2 m (Rückwand)

3 Dielenbretter 2 m x 3 cm x 30 cm
1 Rolle Bitumendachpappe
250 g Dachpappstifte
2,5 kg 65 Nägel
4 St. 180er Nägel

Bauschritte

In Blick- und Rufweite zum Spielhaus kann ein Kaufladen stehen, der als Spielort und Medium vielfältige Spielansätze und Interaktionen eröffnet. Die Bauform der Arbeitshütte wird in einer kleineren Dimension übernommen.

über einem Grundriß von 2 m x 1,5 m erhebt sich ein Pultdach, dessen Dachüberstände denen der Arbeitshütte entsprechen. Die Rückseite und eine Breitseite werden verschalt (s.o. S. 20), während eine Breitseite offen bleibt. Der Fußboden wird mit Schalbrettern gelegt. An der Vorderseite wird ein Dielenbrett (2 m x 3 cm x 30 cm) in 50 cm Höhe zwischen den Pfosten als Theke angebracht. Zwei weitere Dielenbretter können unterhalb der Theke als Regalbretter angebracht werden.

Pergolen als grüne Sonnenschirme

Ein zentrales Problem der kindgemäßen Anlage von Spielräumen bildet die Verteilung von Licht und Schatten. Brennpunkte in des Wortes ursprünglicher Bedeutung sind Terrassen, Sandbereiche, Metallrutschen, u. a. Spielbereiche, in denen die Kinder längere Zeit verweilen. Die häufig anzutreffenden Sonnensegel und Sonnenschirme stellen kostspielige Provisorien dar, deren Effektivität nicht selten hinter den Erwartungen der BenutzerInnen zurückbleibt.

Die im folgenden vorgestellten „grünen Sonnenschirme" sind inspiriert von den Lichtspielen wilder Clematis- und Hopfengrotten und den grünen Dächern kultivierter Weinlauben. Im Unterschied zu den aus alten Parkanlagen bekannten Laubengängen, die eine jahrzehntelange Entwicklungsphase und eine intensive Pflege erfordern, lassen sich mit Schlingpflanzen in kurzer Zeit und mit einfachen Hilfsmitteln atmosphärisch ansprechende Lauben und Spielgrotten gestalten.

Die Grundform der Rundholzpergola

Im Außengelände ist die Rundholzpergola sowohl aus ästhetischen als auch aus handwerklich-praktischen Gründen zu bevorzugen. Sie läßt sich unauffällig in das Gelände integrieren und ist einfach aufzubauen.

Materialien
4 Rundhölzer/Pfähle 2,5 m x 8 cm bis 10 cm (Stützen)
2 Rundhölzer/Pfähle 2,5 m x 8 cm bis 10 cm
9 Rundhölzer/Pfähle 2 m x 5 cm bis 6 cm
160er und 100er Nägel

Die Stützen sollten zwischen 8 cm und 10 cm dick sein. Werden rohe, lediglich geschälte Rundhölzer verwandt können bei größeren Pergolen auch stärkere Stützen gesetzt werden. Die Pfetten sollten in ihrer Dicke in etwa den Stützen entsprechen und nicht länger als 3 m sein. Die Auflagehölzer können wesentlich dünner sein (4 cm bis 6 cm) oder gar aus ungehobelten Dachlatten bestehen. Die Aufgabe der Auflagehölzer, den Kletterpflanzen Rank- und Stützmöglichkeiten zu geben, kann auch von dünnen Spanndrähten unterstützt werden.

Imprägnierte Rundhölzer sollten aus gesundheitlichen und ökologischen Gründen nicht verwendet werden. Der Bereich, in dem die Haltbarkeit der Pergola am stärksten gefährdet ist, bildet die Übergangszone vom Erdreich zur Oberfläche. Die Stützen der Pergola sollten daher aus Lärchen-, Robinien-, Kiefern- oder Douglasienholz bestehen. Sind diese Holzarten lokal nicht zu beziehen, können entrindete Fichten- oder Tannenstützen in Beton gesetzt werden oder mit Hilfe von einbetonierten Bandstahlprofilen über der Erde befestigt werden.

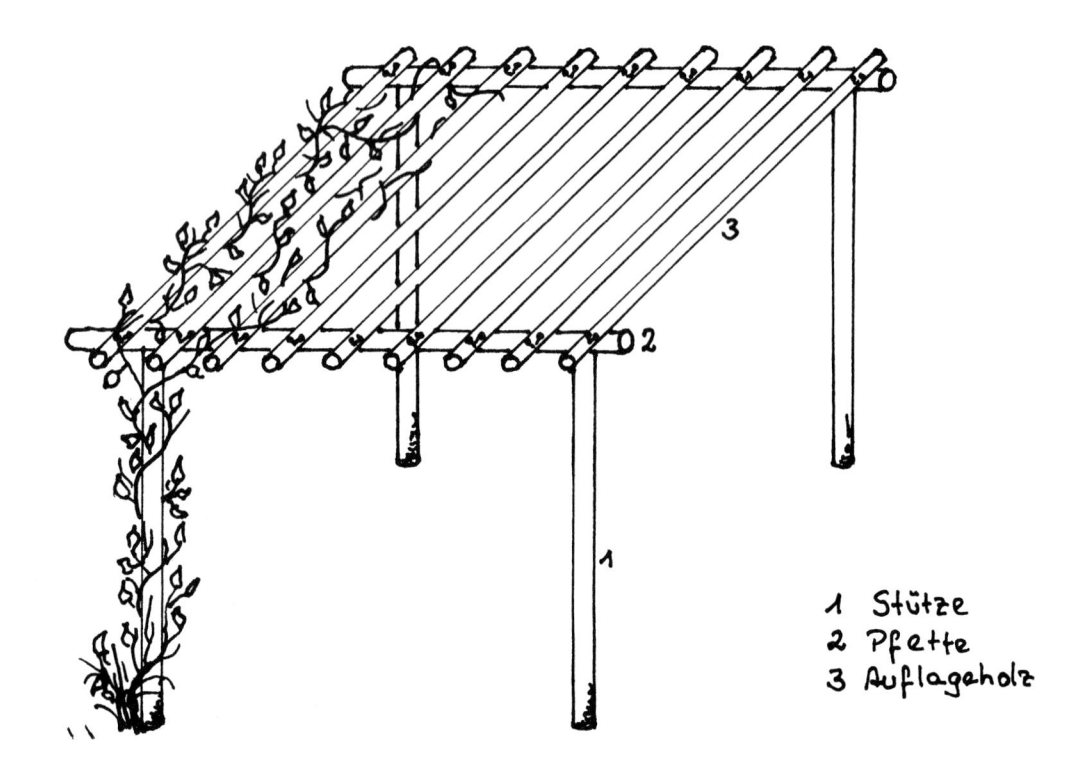

1 Stütze
2 Pfette
3 Auflageholz

1. Bauschritt: Das Grundgerüst

Die Stützen werden 50 cm tief in die Erde oder in Beton eingesetzt. Sollen diese Pergolastützen in metallene Halterungen gesetzt werden, dann sind diese einige Tage vor dem Pergolenaufbau in Beton einzusetzen. Entrindete Fichten- und Tannenstützen können am Fußende einbetoniert werden. Der Beton wird aus 5 Teilen Sand/Kies und einem Teil Zement hergestellt. Dem Sand-Kies-Zement-Gemenge wird soviel Wasser zugefügt, daß es erdfeucht um die Stütze herum eingefüllt werden kann. Der Beton bzw. die Erde werden schichtweise eingefüllt und mit Rundhölzern kräftig gestampft.

2. Bauschritt: Aufnageln der Pfetten und Auflagehölzer

Die Pfetten werden auf die Träger mit einem Endüberstand von ca. 20 cm aufgelegt und mit zwei 130er Nägeln kreuzweise (schräg von zwei Seiten her) genagelt. Die Auflagehölzer werden in einem Abstand von ca. 30 cm aufgelegt und mit 100er Nägeln kreuzweise genagelt. Sie können je nach ästhetischem Empfinden die Pfetten in unterschiedlicher Länge überragen.

3. Bauschritt: Bepflanzen der Pergola

Je nach Standort und beabsichtigter Nutzung kann die Pergola mit unterschiedlichen Rankpflanzen begrünt werden. Das Pflanzloch sollte ca. 40 cm tief und 30 cm breit sein und mit Muttererde aufgefüllt werden. Ein kleiner Draht- oder Flechtmantel schützt die Kletterpflanze vor achtlosen Tritten. In der ersten Entwicklungsphase – bei Bedarf auch später – sollten die neuen Austriebe der Kletterpflanzen an das Pergolagerüst angebunden werden. Diese Maßnahme schützt die jungen Triebe vor Verletzungen und beschleunigt ihr Klettern und ihre Ausbreitung.

Schlingpflanzen, die Schatten spenden sollen:

Knöterich und Hopfen wachsen sehr schnell und breiten sich gut aus. Der Hopfen friert im Winter zurück und schlägt im Frühling wieder neu aus. Der Knöterich wächst jährlich sehr stark und sollte ab und an durch einen Schnitt in Schach gehalten werden.

Schlingpflanzen, die Früchte spenden sollen:

Weintrauben, die gegen Pilzkrankheiten resistent sind, Kiwis (in milden Lagen die Sorte Jenny), die dornenlose Brombeere Hull'Thornless;

Schlingpflanzen die Farben und Düfte spenden sollen:

mehrere Clematis Arten (Waldrebe), besonders die Arten der Clematis montana, verschiedene Geißblatt Arten, Kletterrosen, die Glyzinie sowie einjährige Kletterpflanzen wie die kultivierten Formen der Ackerwinde.

Die Grundpergola kann entlang einer Terrasse oder über einem Weg verlängert werden und zu einem Laubengang erweitert werden. Die Pfetten werden dann nicht direkt auf die Träger aufgenagelt sondern auf Querhölzer, die jeweils zwei Träger verbinden, gelegt und dann angenagelt. Diese Auflage verschafft der Pergola eine größere Stabilität und ermöglicht eine formenreiche Pergolengestaltung. Die Querhölzer, auf denen die Pfetten aufliegen, sollten etwa die gleiche Dicke wie die Träger aufweisen und ca. 15 cm seitlich über die Stützen hinausragen.

Die Schirmpergola

Materialien
1 Rundholz (Mittelständer) 2,7 m x 12 cm bis 15 cm
8 Rundhölzer (Ständer) 2,3 m x 8 cm bis 10 cm
8 Rundhölzer (Pfetten) 2,5 m x 6 cm bis 8 cm
24 Rundhölzer (Auflagehölzer) 2 m x 4 cm bis 5 cm
(alternativ 24 Dachlatten oder 50 m Spanndraht)

Eine ästhetische und bauliche Variante zum Grundtyp der Laube bildet der schirmartige Aufbau der Pergola. Die Schirmpergola kann die Terrasse vor einem Spielhaus schmücken oder im Sandbereich vor Wind und Sonne schützen.

Bauschritte
Der Mittelständer wird 50 cm tief in die Erde eingesetzt und ist ca. 2,20 m hoch. Im gleichmäßigen Abstand vom Mittelständer und voneinander werden die weiteren 8 Ständer eingesetzt. Die Pfetten werden nacheinander spiralen-

förmig am Mittelständer und Kopf der Außenständer genagelt. Die Auflagehölzer werden im Abstand von 25 cm bis 30 cm kreuzweise genagelt. Die Schirmpergola bietet Schlingpflanzen eine optimale Auflage und kann mit mehreren unterschiedlichen Schlingern (s.o. S.27) bepflanzt werden.

Das Atrium

Die vorgestellten Häuser, Lauben und Grotten animieren einzelne Kinder und kleinere Gruppen zu vielfältigen Rollenspielen und kreativen Unternehmungen.

Die Anlage eines Atriums möchte größeren Kindergruppen einen räumlichen Rahmen für gemeinsame Unternehmungen im Freien geben. Die Gestaltung des Atriums soll mehreren Ansprüchen genügen. Sie soll eine bühnenähnliche Grundfläche, kreisförmig angeordnete Sitzflächen und einen vom übrigen Gelände leicht abgehobenen Raum schaffen.

Materialien
pro lfm 1 qm Erdaushub
pro lfm 10 Rundhölzer (Douglasie/Lärche/Robinie) 75 cm x 10 cm
pro lfm 0.3 qm Rundholzpflaster

Bauschritte
Ausgangspunkt für die Schaffung eines atriumähnlichen Spielraums kann ein aufgegebener Sandkasten oder eine bisher wenig genutzte Geländeecke sein. Wird die Sandkasteneinfassung abgeräumt, erscheint nicht selten eine gepflasterte oder betonierte Bodenplatte, die als Grundfläche für den Freiluftsaal genutzt werden kann. Die „Wände" dieses Saals werden als kreisförmiger Erdwall aufgeschüttet, der am Fuß ca. 1,20 m breit und am Scheitel ca. 40 cm breit sein kann.

In die der Spielfläche zugewandte Wallseite werden zwei Stufen modelliert, die senkrecht mit Rundhölzern stabilisiert und waagerecht mit einem Holzpflaster ausgelegt werden. Die untere Reihe Rundhölzer wird 45 cm tief in erdfeuchten Beton eingesetzt (s.o. S. 27). Die obere Reihe kann in den verdichteten Wall 45 cm tief eingesetzt werden.

Das Holzpflaster wird in eine 5 cm tiefe Sandschicht gesetzt, wobei zwischen den einzelnen Rundholzabschnitten ein Abstand von ca. 1/2 cm eingehalten wird.

Die der Spielfläche abgewandte Rückseite kann mit Grassamen eingesät, oder mit Stauden und Blütensträuchern bepflanzt werden.

Das billigste, gleichwohl ökologisch sinnvollste und ästhetisch ansprechende Atrium kann auch völlig ohne Holzmaterialien gestaltet werden. Die in den verdichteten Wall modellierten Stufen werden mit einem strapazierfähigen Spielrasen eingesät und können nach zweimaligem Mähen besetzt und bespielt werden.

Sich einleben in das große Haus

Was tun Kinder, wenn sie sich Hütten und Höhlen bauen? Welche Gedanken und Bilder entwickeln sie bewußt und unbewußt, wenn sie sich einrichten in ihren eigenen vier Wänden? Welche Auswirkungen haben Spielhäuser von der Stange bzw. selbstgebaute Hütten auf das Spiel der Kinder, auf ihre Raumerfahrung, ihre Selbsterfahrung? Diesen Fragen haben die Erwachsenen als Eltern und PädagogInnen bisher wenig Zeit und Raum geschenkt. Die Holzbaustelle findet sich in der Regel weder auf Schulplätzen noch in Außengeländen von Kindergärten und Kindertagesstätten.

Im folgenden sollen einige grundsätzliche Anmerkungen die Bedeutung nicht genormter Spielhütten, – höhlen und -grotten für das Spiel und die in ihm verwirklichte Entwicklung der Kinder verdeutlichen. Spielpraktische Hinweise möchten die Erwachsenen anregen, die Kinder bei ihrem „Sich einleben in das große Haus Welt" konstruktiv zu unterstützen und zu begleiten.

Am Anfang der Überlegungen steht die banale Feststellung, daß Kinder keine Geistgestalten oder Luftwesen sind, sondern als leibhaftige Menschen leben. Ihr eigener Körper ist das Haus in dem sie wohnen. Ihre Haut, ihre Arme und Beine, ihre Sinne, d.h. ihr ganzer Leib ist ein Raum-Ort, in dem sie sich befinden, aus dem heraus, mit dem sie andere Räume – seien es Dinge oder Lebewesen – suchen und finden. Der Leib ermöglicht es Kindern bei sich zu sein und außer sich zu gehen.

Natürlich gilt das Gesagte auch für den erwachsenen Menschen. Zwischen ihm und dem Kind besteht jedoch in unserem Zusammenhang ein bedeutsamer Unterschied. Männer und Frauen haben sich in der Regel bereits in vielen Räumen einleben können – in den großen Haushalt der Gesellschaft und den der Erde. Kinder unternehmen ihre ersten Gehversuche in kleinen Räumen an intimen Orten wie der elterlichen Wohnung, dem Kindergarten und dem Nahbereich des Elternhauses.

Wenn für die Menschen allgemein gilt: „Das Haus ist unser erstes All, ein Kosmos in der vollen Bedeutung des Wortes" (Bachelard, G. 1975, S. 36), dann heißt das für die Entwicklung der kindlichen Persönlichkeit: Kinder sind in Räumen elementar verwurzelt, sie brauchen Räume, in denen sie stimmungsmäßig geborgen sind, Räume in denen sie sich orientieren können, Räume in denen sie ihre eigene Identität entwickeln können. Sollen diese Räume die psychische und physische Entwicklung der Kinder fördern, dann müssen sie aktiv und sinnenvoll begriffen und bewohnt werden können. Das sinnliche Erleben der Lebensräume verwirklicht sich immer auch als ein Zusammenleben mit anderen Menschen. Zu Hause oder in der Kindertagesstätte wohnen Kinder mit anderen Kindern und Erwachsenen „unter einem Dach".

Die Spielhäuser und -hütten bieten den Kindern Freiräume an, in denen sie unabhänigig von den erzieherischen Interventionen der Erwachsenen ihre eigene Sicht der sozialen und ökologischen Beziehungen und Vorgänge herausspielen können. Die sozialen Spiele, das Eintauchen in mythische und fiktive Gestalten, das Üben alltagspraktischer Tätigkeiten wie Kochen, Backen, Putzen und Essen gewinnen in den „eigenen vier Wänden" eine soziale und affektive Dichte und Qualität, die das Selbstbewußtsein und die soziale Kompetenz gleichermaßen stärken.

Aus der skizzierten elementaren Bedeutung der Raumerfahrung der Kinder für ihre eigene Identitätsentwicklung folgt die pädagogische Einsicht: die Lebens-, Spiel- und Lernräume der Kinder sind keine bloßen Aufenthaltsräume, sondern sie entscheiden mit darüber, in welcher Weise Kinder ihre Mitwelt und sich selbst erfahren und annehmen können. Die Gestaltung der Spielräume im Nahbereich der elterlichen Wohnung und in pädagogischen Einrichtungen sollte daher den Kindern altersgemäße Möglichkeiten geben, Räume nicht nur zu nutzen, sondern sie auch selbst mitzugestalten. Dies kann mit Karton und Holzmaterialien im Innenbereich ebenso geschehen wie im Außenbereich mit vielen weiteren Materialien.

Die im Arbeitsbuch vorgestellten Bau-Beispiele können in Spielprojekten mit Kindern in kürzeren und längeren Zeiträumen im Außengelände realisiert werden. Ein Weidentipi könnte in einem Indianerprojekt gesetzt werden. Ein Spielhaus könnte in einen Bezug zur Thematik „Wohnen" gestellt werden. Ein Kaufladen im Freien könnte sich je nach Bedarf in einen Obstladen, einen Puppenladen, einen Geschirrladen, einen

Buchladen und viele andere Läden verwandeln. Die „Waren" könnten auf Flohmärkten, Gemüsemärkten, in Sammelaktionen und ähnlichen Unternehmungen gewonnen werden. Das Suchen, Sammeln, Ausstellen und Vertreiben der Waren (Tauschen?) könnte zu lebhaften Vermittlungen zwischen Drinnen und Draußen (Haus/Gelände) führen.

Der Aufbau der Spielräume und -häuser bedeutet nicht, einen fix und fertigen Spielort herzustellen, an dem zukünftig nichts mehr verändert bzw. weiterentwickelt werden kann und darf. Die Neugier und der Tatendrang der Kinder sind vielmehr an einer fortwährenden Bearbeitung und Umwandlung der vorgegebenen Elemente interessiert. Es bedarf keines ausgefallenen Designs und keiner stilisierten Einrichtungsgegenstände. Das konstruktive Spiel der Kinder wird vielmehr durch Materialien und Gegenstände angesprochen, die weitere gestalterische Aktionen ermöglichen oder als Gebrauchsgegenstände das soziale Spiel der Kinder animieren. Die folgenden Materialien eignen sich besonders für kreative Hütten-Bau-Spiele: Tücher, Schnüre, Pappe, Farben, Bretter (Profilholzreste, Rauhspund, Schwartenbretter, Schalbretter), Dachlatten, Rundhölzer, Baumabschnitte, Schilfmatten, Sand kombiniert mit Zement, Wasser und Steinen, Lehm kombiniert mit Stroh, Gras und Flechtmaterialien.

Ist Raum vorhanden, dann kann eine offene Baustelle geschaffen werden, der eine Arbeitshütte, ein installierter Sägebock, ein Arbeitspodest und ein Materiallager zugeordnet werden. In der Regel bedarf es keiner Materialberge, sondern eines Vorats an Grundmaterialien und einfachen Gegenständen, die von den Kindern schöpferisch in bestimmten Spielbereichen eingesetzt werden können.

Selbstständig und in gemeinsamen Aktionen mit den Erwachsenen können die Kinder ihre Spielhütten einrichten, renovieren, erweitern und umbauen. Schon kleine Maßnahmen, Details in der Ausstattung der Spielhütten wie eine Schlingpflanze, ein kleines Beet, einfache Wandregale, ein ausgedienter Teppich, ein selbstgezimmerter Blumenkasten bewirken eine freundliche Stimmung, eine anregende Atmosphäre. Diese einfachen, wohnlichen Spielhäuser sind Elemente eines Spielgeländes, das in unterschiedlichen Dimensionen den Kindern Zu-Gänge zu dem großen Haus eröffnet, in das sie beständig hineinwachsen.

Sollen der Eigensinn und die Eigeninitiative der Kinder provoziert werden, dann sind die angeführten elementaren Baumaterialien allen Fertigangeboten vorzuziehen. Die Materialien sollen keine toten Kunststoffe sein, sondern in ihrer Form und Beschaffenheit als „lebende" Materie ertastet und erspürt werden können. Die Verwendung nicht imprägnierter Materialien sensibilisiert für den Fluß der Zeit, für die Veränderung und Vergänglichkeit, der Natur und Kultur unterworfen sind. Erwachsene, die das gestalterische Spiel der Kinder auf städtischen Frei- und Grünflächen oder angelegten Spielplätzen zum Zuge kommen lassen, betrachten die eigenwilligen Bauten der Kinder nicht länger als einen Anschlag auf ihren Ordnungssinn und ihr ästhetisches Empfinden. Sie akzeptieren, daß Kinder eben anders bauen als Erwachsene, gleichwohl mindestens genauso eifrig wie diese.

Mit Weiden zaubern

Die Weide als Lebenskünstlerin

Die Weide ist die große Zauberin unter den Bäumen und Sträuchern. In über 300 Arten schlüpft sie in tausend Gestalten. Als goldene Samtkugel ruft sie in der Salweide im Frühling die Sonne zur Erde zurück, als langmähnige Trauerweide fächelt sie kühlen Schatten in heiße Sommertage, als turmhohe Silberweide trotzt sie den heftigen Herbstwinden, als gelbe Flechtweide sammelt sie das Sonnenlicht und wärmt im Winter die Blicke der Menschen.

Die Weide fasziniert als Verwandlungs- und Lebenskünstlerin zugleich. Sie liebt das Wasser, doch auch an trockenen Hängen, in Ritzen betonierter Höfe, an Wegrändern und Wiesensäumen siedelt sie sich als verwegene Pionierin an. Sie lebt allein in ihrem Haus, so wie der Weidenmann, mit dem sie via Wind und Bienen kommuniziert.

Die Weide wird als Wildpflanze seit vielen tausend Jahren von den Menschen wie eine Kulturpflanze genutzt. Aus ihren biegsamen Ruten werden Lehmflechtwände, „Weiden"-Zäune, Körbe und Möbelstücke geflochten. Ihre Äste und Stämme werden als lebende Palisaden zum Befestigen von Hängen und Ufern eingesetzt. Die getrocknete Rinde ihrer dreijährigen Zweige senkte das Fieber und linderte die Kopfschmerzen bereits lange Zeit vor der Erfindung synthetischer Kopfschmerzmittel.

Infolge der veränderten Arbeits- und Lebensweisen wurde die wirtschaftliche Bedeutung der Weide fast gänzlich von industriell erzeugten Produkten abgelöst. Ihre einzigartige Vitalität ermöglicht ihr jedoch auf Spielplätzen und in Außengeländen zahlreicher pädagogischer Einrichtungen eine kreative Renaissance. Aus Weidenstämmen, -ästen und -ruten werden lebende Hütten, Zelte, Pavillons und Tunnels gebaut, die weder einer Imprägnierung noch eines Konservierungsanstrichs bedürfen. Die im folgenden vorgestellten Weidenbau-bei-Spiele laden ein zu einem schöpferischen Gestalten, in dem Kinder und Erwachsene im Bann der Weide belebte Spielräume zaubern.

Das 1 x 1 der Weidenzauberei

Der Besenstiel in Goethes „Zauberlehrling" ist sicherlich ein Weidenstab. Denn wie jener ist der Weidenstab auch dann noch lebendig, wenn er vom Stamm abgetrennt wurde. Auch wenn er mehrmals mit Axt oder Säge zerkleinert wird, verlassen ihn seine Lebenskräfte nicht. Werden die Weidenstücke in die Erde gesteckt, bewurzeln sie sich und treiben neue Blätter und Zweige.

Diese Fähigkeit der Weide, sich aus Stamm und Kronenteilen (Stecklingen) vegetativ zu vermehren, kann in der gestalterischen Arbeit gezielt genutzt werden. Die einjährigen und mehrjährigen Weidenruten und -stäbe können in der vegetationsfreien Zeit (Anfang November bis Ende Februar) geschnitten und an schattigen Stellen gelagert werden. Die Verzweigungen der

Äste und Stämme werden baldmöglichst entfernt, da nur astfreie Stecklinge gut anwachsen und bereits im ersten Standjahr kräftige neue Triebe entwickeln. Um bei längerer Lagerung ein Austrocknen der Ruten und Stäbe zu verhindern, werden diese mit Laub oder Reisig abgedeckt.

Das Setzen der Weidenstecklinge

Die beste Pflanzzeit für die Weidenstecklinge und Weidenstäbe ist die Zeitspanne von Anfang November bis Ende April/Anfang Mai. An jedem frostfreien bzw. nicht zu nassen Tag können die Pflanz- und Bauprojekte realisiert werden. Vor dem Einsetzen werden einjährige Ruten und dünnere Weidenstäbe (< als 2 cm) mit der Baum- bzw. Astschere um ca. 5 cm eingekürzt.

Bei mehrjährigen, dickeren Weidenstäben wird die Weidenrinde an der Basis mit einem Spaten oder einem größeren Messer ca. 10 cm bis 15 cm hoch abgeschält. Beide Maßnahmen fördern die Wasser- und Nährstoffaufnahme und somit das Anwachsen der Weidenruten und -stäbe.

Der Anschnitt und das Rindenschälen geben zudem einen verläßlichen Hinweis zur Vitalität des Weidenmaterials. Ist das Mark oder das beim Schälen freigelegt Holz braun gefärbt, dann sind die Ruten und Stäbe bereits vertrocknet und zum Gestalten nicht mehr zu gebrauchen. Die Gefahr des Vertrocknens besteht lediglich, wenn die Stäbe längere Zeit offen dem Sonnenlicht ausgesetzt werden. Eine schattige Lagerstelle bannt diese Gefahr völlig.

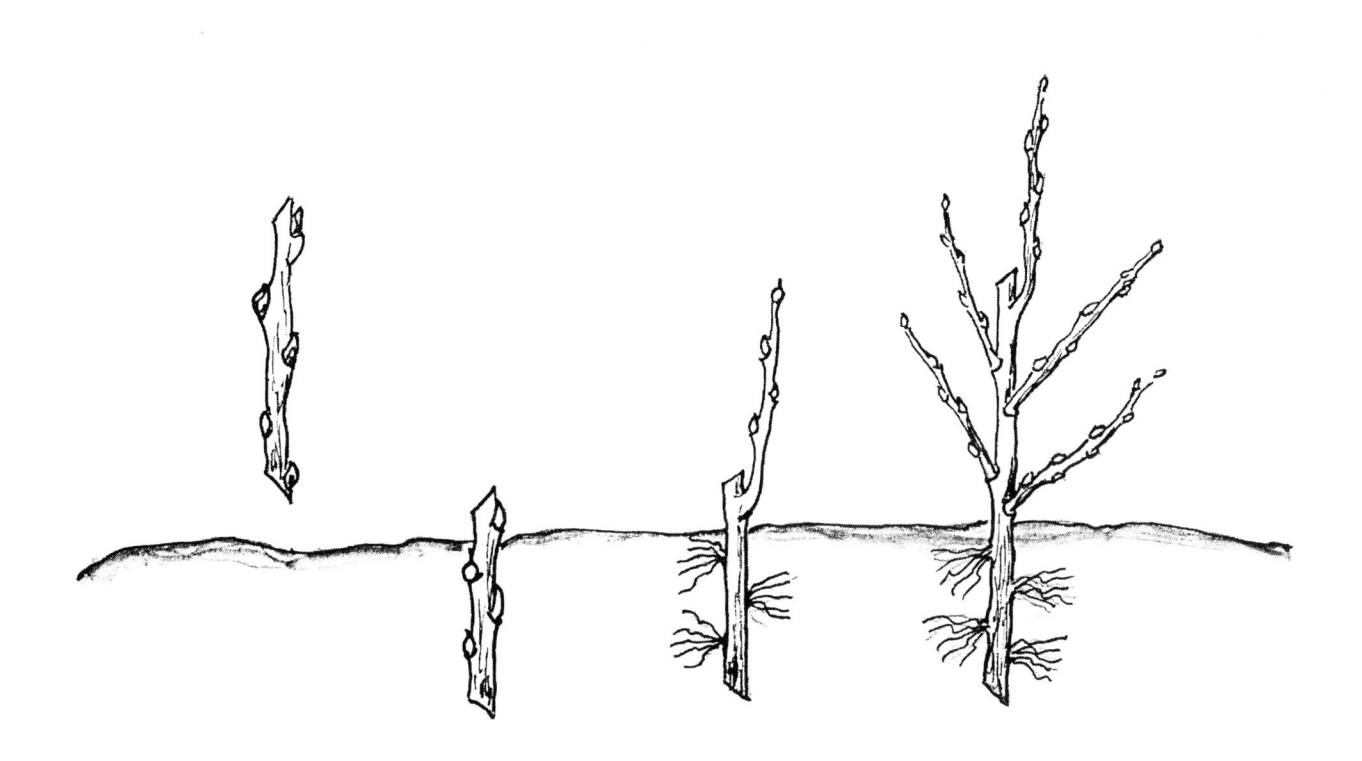

Entscheidend für das Bewurzeln und das Anwachsen der Weidenstäbe ist das richtige Verhältnis zwischen der Länge und der Setztiefe der Weidenstäbe. Als Faustregel gilt: Je höher die Stecklinge aus der Erde herausragen, desto tiefer muß der Setzgraben sein. Im einzelnen sind folgende Mindesttiefen zu beachten:

ca. 20 cm bei 25 – 30 cm langen Stecklingen
ca. 30 cm bei 30 – 70 cm langen Stecklingen
ca. 40 cm bei 80 – 1,60 m langen Stecklingen
ca. 50 cm bei 1,70 – 2,30 m langen Stecklingen
ca. 60 cm bei 1,80 – 3 m langen Stecklingen
ca. 70 cm bei 3 m – 4 m langen Stecklingen

Ein nach diesen Angaben gesetzer 3,5 m langer Weidenstab ragt demzufolge ca. 2,80 m senkrecht oder schräg aus der Erde. Die Weidenstäbe sollten immer mit dem dickeren Ende in die Erde eingesetzt werden, damit sie entsprechend ihrer natürlichen Wuchsrichtung austreiben und wachsen können. Ist das dickere Ende vom dünneren optisch schwer zu bestimmen (bei kleineren Stecklingen), dann geben eventuell vorhandene Knospen oder Astansätze einen Hinweis: die Knospenspitze zeigt nach oben, der Astansatz verläuft vom Ast schräg nach oben.

Werden mehrere Stecklinge/Stäbe in einer Reihe oder im Kreis gepflanzt, sollte ein spatenbreiter Setzgraben ausgehoben werden, dessen Tiefe sich anhand der obigen Tabelle bestimmen läßt. Die eventuell vorhandene Grasnarbe sollte flach abgestochen und nicht unter die übrige Erde vermischt werden. Der Setzgraben wird mit der Aushuberde wieder in zwei bis drei Schichten aufgefüllt, wobei die Erde jeweils um die Weidenstäbe herum mit Rundhölzern festgestampft wird.

Ist das Gelände sehr verdichtet oder mit Bauschutt belastet, dann brauchen die WeidenpflanzerInnen nicht zu resignieren. In diesem – aber auch nur in diesem – Falle reicht es, wenn für längere Weidenstäbe zunächt ein ca. 30 cm tiefer, gut spatenbreiter Setzgraben ausgehoben wird. Für dickere Weidenstäbe kann nun jeweils ein Setzloch auf etwa die angegebene Tiefe gegraben bzw. mit einem Eisen eingerammt werden. Auch in diesen widrigen Bodenverhältnissen wird das Weidentipi oder -iglu gedeihen.

Werden die Weidenstecklinge und Weidenstäbe in der angegebenen Weise gesetzt, dann wachsen sie wunderbar an und bedürfen keiner künstlichen Bewässerung. Sie stehen ihrer Größe entsprechend so tief in der Erde, daß sie im ersten Standjahr auch in einer längeren Trockenperiode nicht absterben.

Weidenzaun und Weidentunnel

Das Bedürfnis der Kinder, sich im Spielgelände den Blicken der Erwachsenen zu entziehen, im vertieften Sandspiel nicht durch Raser gestört zu werden, kann durch die Anlage von Hecken und Wällen gestalterisch aufgegriffen werden. Da Heckenpflanzungen erst im Verlauf mehrerer Jahre zu einem schützenden Dickicht heranwachsen, ist es sinnvoll sie durch lebende Weidenzäune zu ergänzen bzw. – bei kleinerem Gelände – zu ersetzen.

Materialien

pro lfm Zaun: 4 Weidenstäbe, 1,2 m lang, 2 cm – 10 cm dick
pro 10 lfm Zaun: 50 ca. 2 m lange Weidenruten oder andere längere Zweige

Bauschritte

Die Weidenstäbe werden in einen ca. 40 cm tiefen Setzgraben eingepflanzt (s.o.). Der Austrieb der Weidenstäbe wird in ihrem oberen Drittel erfolgen. Soll der Zaun sich auch in der unteren Hälfte begrünen, dann sind ca. 20 cm lange einjährige Weidenstecklinge zwischen die Zaunstäbe zu stecken, so daß sie ca. 5 cm aus dem Boden herausragen. Zum Abschluß werden zwei Weidenstreifen in den Zaun geflochten. Sie erhöhen seine Stabilität und verbessern die ästhetische Wirkung.

Im ersten Standjahr werden die Weidenstäbe ca. 50 bis 80 cm lange Ruten austreiben. Diese neuen Austriebe werden nach dem Blattfall (ab Nov.) im oberen und unteren Zaunbereich entsprechend der Skizze waagerecht in den Zaun hineingeflochten bzw. mit Seilen/Kordel in etwa waagerecht herabgebunden. Diese Weidenruten treiben nun im zweiten Standjahr gleichmäßig verteilt neue Knospen/Zweige hervor. Der Zaun wird so dichter und stabiler. Das Einflechten und Herabbinden der Zweige kann in den folgenden 2 bis 3 Jahren wiederholt werden.

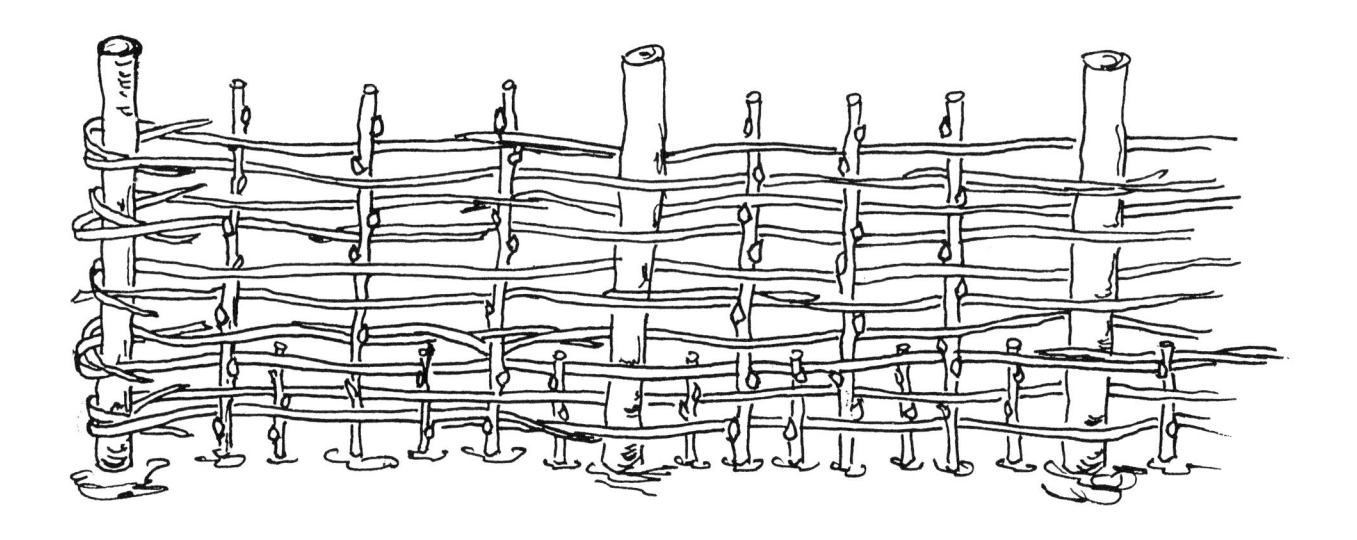

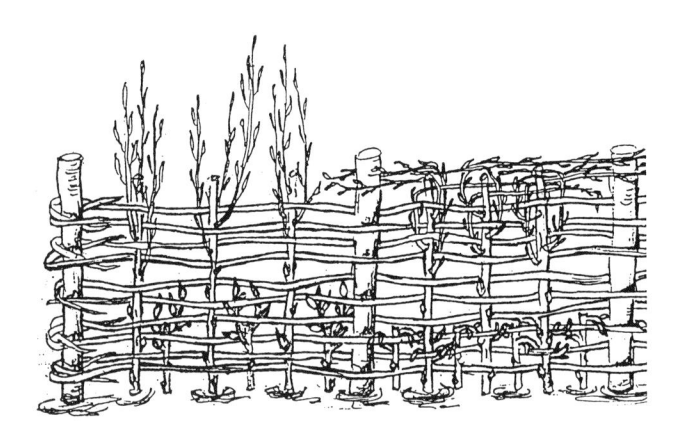

Die Form, Höhe und Breite des Weidenzauns lassen sich grundsätzlich durch Schnittmaßnahmen bestimmen. Der Weidenzaun verträgt einen schwächeren oder stärkeren Rückschnitt zu allen Jahreszeiten.

Eine ansprechende Variante zu dem senkrecht gesetzten Weidenzaun ergibt sich, wenn die Zaunstäbe schräg in den Setzgraben eingepflanzt werden. Hierzu eignen sich stärkere Weidenäste (4 cm – 8 cm), die sich jeweils im oberen Viertel kreuzen und zur Stabilisierung mit Hanfseil/Kordel verbunden werden. Da die Weidenstäbe schräg stehen, werden sie von der Basis bis zum Kopf austreiben.

Mit Weidenstecklingen, die durchaus bis zu 12 cm dick sein können, lassen sich in kleineren und größeren Spielgeländen anziehende Verstecke und kleine Lichtungen schaffen. Werden die Weidenstäbe in unregelmäßigen Abständen um einen offenen Kreis gepflanzt, wächst ein kleines Weidengebüsch heran, dessen Mitte eine Art Lichtung aufweist.

Wird der oben vorgestellte Weidenzaun spiralenförmig angelegt, entsteht eine labyrinthähnliche Form, deren Zentrum ebenfalls zum Verweilen einlädt.

Vielleicht trauen sich mutige Weidenkinder, ein Weidenlabyrinth zu schaffen.

Der Weidenlauftunnel

Materialien
*pro lfm 10 ca. 2 m bis 2,50 m lange, 2 cm – 3 cm
dicke Weidenstäbe
Hanfseile/ Kordel*

Die Weidenstäbe werden in zwei parallel zueinander laufenden Setzgräben eingepflanzt. Der Abstand der Setzgräben kann ca. 1 m betragen. Die Weidenstäbe werden im Setzgraben im Abstand von 20 cm gesetzt. Die oberen Enden der gegenüberstehenden Weidenstäbe werden ineinander geflochten und mit Seilen/Kordel verbunden.
An den Seiten kann der Tunnel mit Flechtweiden stabilisiert werden.

Wie beim Kriechtunnel (s. u. S. 40) werden die neuen Zweige im Winter in die Tunnelbögen eingeflochten bzw. herabgebunden. Der untere Tunnelbereich läßt sich durch kürzere Stecklinge verdichten. Die Austriebe dieser Stecklinge werden ebenfalls in die Tunnelwände eingeflochten und eingebunden.

Der Boden des Weidentunnels kann mit unterschiedlichen Materialien wie Rindenmulch/ Holzhäcksel, Sand, Kies oder Laub ausgelegt werden.

Werden 3 m - 4 m lange 2-jährige/3-jährige Weidenstäbe verwandt, dann kann auch eine Spielgrube (s.u. S. 82) mit einem Weidendach überwölbt werden.

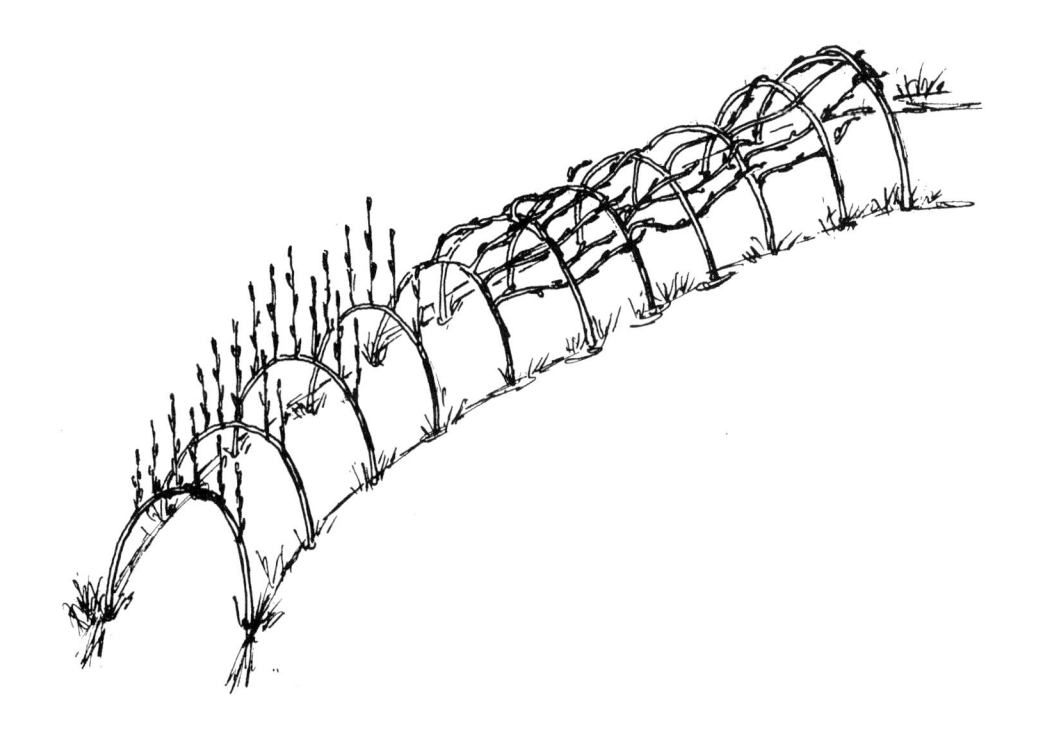

Der Weidenbogenzaun

Materialien
pro lfm 5 bis 6 ca. 2 m lange, dickere, gut biegbare,
1-jährige Weidenruten

Das gestaltende Spiel mit den Weiden kennt kaum Grenzen. Die Fähigkeit der Weide, sich an beiden Enden zu bewurzeln, wenn sie bogenartig in die Erde gesteckt wird, ermöglicht die Anlage origineller Bogenzäune. Der Austrieb der Weidenbögen erfolgt jeweils im Bereich ihres Scheitelpunkts.

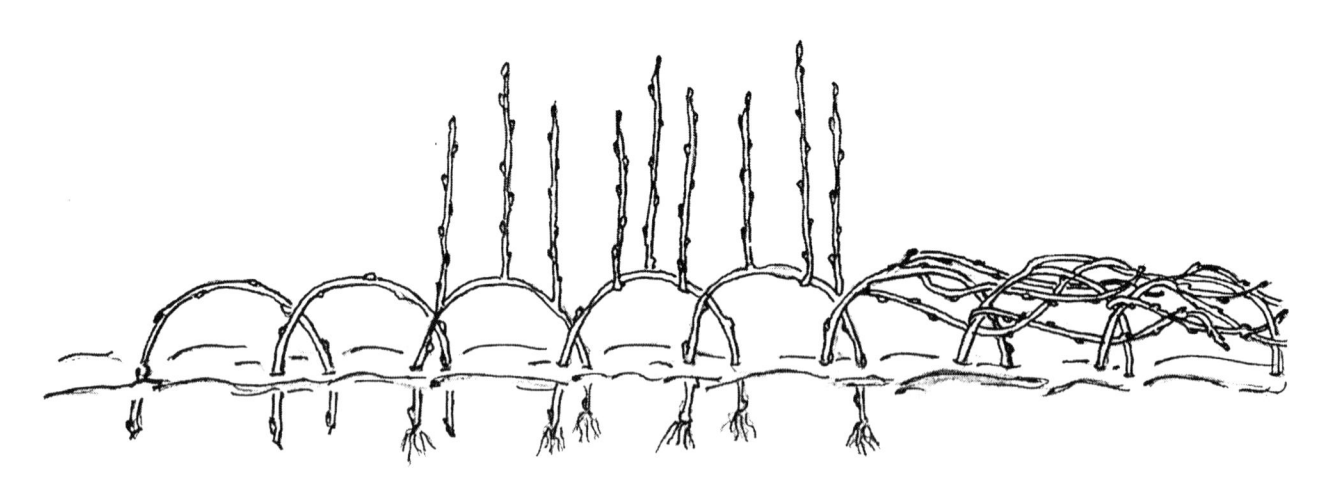

Der Weidenbogenkriechtunnel

Materialien
pro lfm 5 bis 6 2 m bis 2,5 lange stärkere, biegbare,
1-jährige/2-jährige Weidenruten
Hanfseile oder Kordel

Werden die Weidenbögen jeweils im Abstand von 15 cm bis 20 cm hintereinander in die Erde gesetzt, dann entsteht ein lebender Kriechtunnel. Beidseitig eingeflochtene Weidenruten erhöhen die Stabilität und optische Wirkung des Kriechtunnels. Der Kriechtunnel wird dichter und dunkler, wenn in den ersten Jahren die neuen Austriebe jeweils im Winter heruntergebunden bzw. in die Bögen eingeflochten werden.

Wird der Kriechtunnel mit unterschiedlich hohen Tunnelabschnitten angelegt, dann können gezielte Schnittmaßnahmen ihm die Gestalt eines Weidendrachens geben.
Eine weitere spielerische Variante könnte zwei Drittel des Weidendrachens mit Weidenruten ausflechten und mit einem Gemisch aus Lehm und Stroh/Heu (s.u. S. 47) ausmodellieren. Im oberen Drittel wird der Weidendrachen wachsen.

Das Weiden-Tipi

Materialien
15 Weidenstäbe ca. 3,5 m lang, 5 cm – 10 cm dick
16 Weidenstäbe 2,5 m bis 3,5 m lang, 3 cm – 5 cm
dick
3 Bund Flechtweiden

Die Form des Weidentipis ist den Zelten der Prärie-Indianer entlehnt. Im Unterschied zu dem indianischen Wanderzelt soll das Weidentipi an Ort und Stelle Wurzeln schlagen und sich zu einem lebenden grünen Zelt entwickeln.

Der Zeltkegel besteht aus Gerüststangen und Flechtwerk. Er kann an der Basis einen Durchmesser – je nach Materiallage – von 1,5 m bis 3 m aufweisen. Um eine optimale Breite zu erreichen, sollten die Weidenstäbe möglichst schräg in den Setzgraben eingestellt werden.

Das grüne Indianer-Zelt kann in den Monaten November bis Anfang Mai erstellt werden. Die Gerüststäbe und die Flechtruten können bereits im Vorfeld des Zeltaufbaus geschnitten werden. Die Verzweigungen der Gerüststäbe werden sauber entfernt.

1. Bauschritt: Markieren und Ausheben des Setzgrabens

An dem vorgesehenen Standort wird ein kleiner Pfahl eingeschlagen, an dem eine Schnur so befestigt wird, daß sie sich um den Pfahl drehen kann. Am anderen Ende der Schnur binden wir einen Stock so an, daß er einen ca. 1,25 m großen Abstand vom eingeschlagenen Pfahl aufweist. Eine Person markiert nun den Grundkreis, indem sie die Schnur straff anzieht und mit dem Stock am Schnurende einen Kreis in die Erde ritzt. Eine zweite Person streut diesen Kreis mit Sand aus.

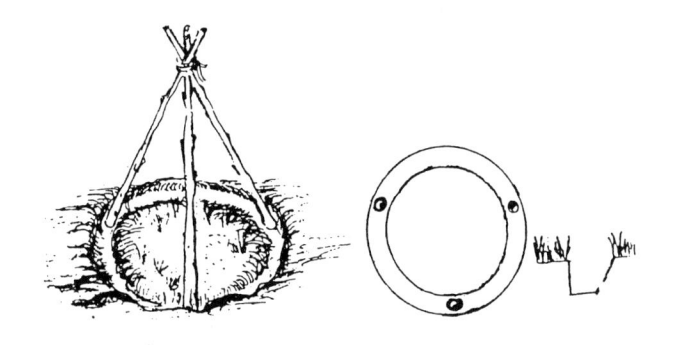

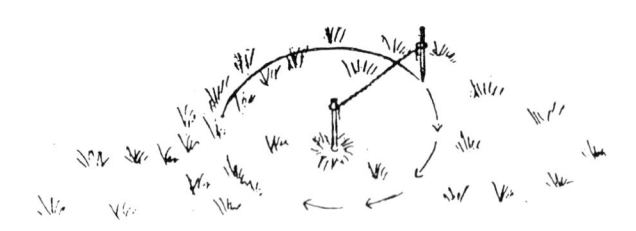

Entlang dem vorgezeichneten Kreis wird nun der 60 cm tiefe Setzgraben gut spatenbreit ausgehoben. Der Setzgraben sollte so breit sein, daß die Erde aus der tieferen Schicht mit der Schaufel herausgeworfen werden kann. Die eventuell vorhandene Grasnarbe wird dem Kreis entlang mit der Hacke abgeschabt oder mit dem Spaten abgestochen und dem Kompost zugeführt.
Die ca. 50 cm breite Eingangsstelle wird nicht ausgehoben.

2. Bauschritt: Setzen der 3 Hauptgerüststäbe

Zuerst werden drei stärkere Gerüststangen gesetzt. An den Standpunkten der Gerüststäbe wird die innere Kante des Setzgrabens leicht abgeflacht, so daß die Stäbe sich am oberen Ende leicht kreuzen können. Die ersten drei Stäbe werden an ihrem Kreuzungspunkt mit einem stärkeren Seil/Kordel oder einem Strick zusammengebunden. Beim Befestigen der ersten drei

Gerüststäbe darauf achten, daß der obere Schnittpunkt der Weidenstäbe in etwa über dem Mittelpunkt des ausgehobenen kreisförmigen Setzgraben steht. Ansonsten wird das Weidentipi eine mehr oder weniger windschiefe Form annehmen.
Da der Austrieb der Weidenstäbe besonders stark im oberen Drittel des Zeltes erfolgen wird, sollen die Enden der Weidenstäbe nicht mehr als ca. 25 cm über den Schnittpunkt herausragen. Eine möglichst kleine Kegelspitze fördert den Austrieb im Basisbereich des Weidentipis.

3. Bauschritt: Setzen der weiteren Gerüststäbe; Auffüllen des Setzgrabens

Drei weitere Gerüststäbe werden in die Zwischenräume der ersten 3 Weidenstäbe eingesetzt und am Kopfende mit den bereits stehenden Weidenstäben verbunden. Nun können die weiteren Gerüststäbe gesetzt werden. Je nach Materiallage können sie so lang wie die ersteren aber auch kürzer als diese sein. Sie sollten den Boden jedoch mindestens ca. 1,50 m aus der Erde herausragen. Der im oberen Drittel des Tipis erfolgende kräftige Austrieb kann bereits im Spätsommer an der Kegelspitze angebunden werden. Die Gerüststäbe sollten einen Zwischenabstand von 25 cm aufweisen. Soweit nötig kann

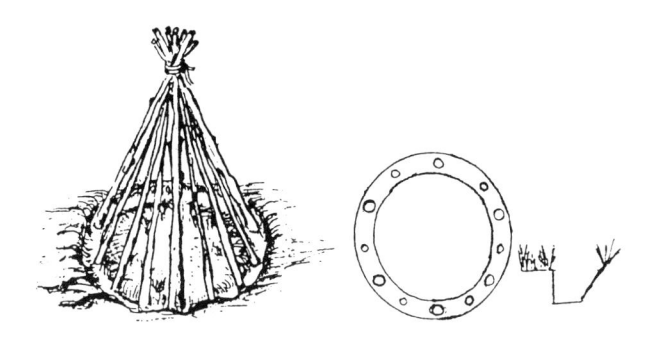

die Bodenhaftung der einzelnen Stäbe. Ästhetisch betrachtet gewinnt das Weiden-Tipi durch das Flechtwerk von Beginn an eine ansprechende räumliche Gestalt.

Die Ruten können einfach bis dreifach immer gegenseitig eingeflochten werden, so daß ein korbähnliches Flechtwerk entsteht. Die eventuell nach außen und innen abstehenden Anfangs- und Endstücke sowie eventuell abstehende dünne Verzweigungen der Flechtruten werden mit der Baumschere soweit wie möglich eingekürzt.

ein ca. 30 cm großer Zwischenabstand an der Basis verkleinert werden, indem ein kurzer Stab eingesetzt wird. Dieser „Lückenfüller" kann im Verlauf des Flechtens zurückgeschnitten werden, wenn der Abstand zwischen den Weidenstäben das Flechten zu sehr erschwert.

Abschließend wird die Aushuberde schichtweise wieder eingefüllt und mit Rundhölzern um die Weidenstäbe herum festgestampft. Die letzte Schicht wird lediglich mit den Füßen angetreten.

4. Bauschritt: Ausflechten der Gerüststäbe

Das Tipigerüst aus Weidenstäben wird von Frühling bis Herbst – je nach Bodengüte – bis zu 1 m lange Ruten austreiben. Von daher braucht das Kegelgerüst nicht unbedingt mit Weidenruten ausgeflochten werden. Es reicht auch, nach der ersten Vegetationsphase die neuen Austriebe wie beim Flechtzaun herunterzubiegen und zwischen die Weidenstäbe einzuflechten bzw. einzubinden. Dieser Vorgang kann dann weitere 2 bis 3 Jahre wiederholt werden. Die Kinder sollten im ersten Vegetationsjahr nicht an den Weidenstäben rütteln oder permanent zwischen ihnen hindurchschlüpfen. Sie unterbrechen sonst die Wurzelbildung und streifen die neuen Austriebe ab.

Soweit einjährige Weidenruten, Haselnuß-, Hartriegelzweige oder ähnlich biegsame Zweige vorhanden sind, sollte das Tipi streifenweise oder durchgehend – je nach Menge des Flechtmaterials – bis in eine Höhe von ca. 1,20 m ausgeflochten werden. Das Flechten stabilisiert das Gerüst und

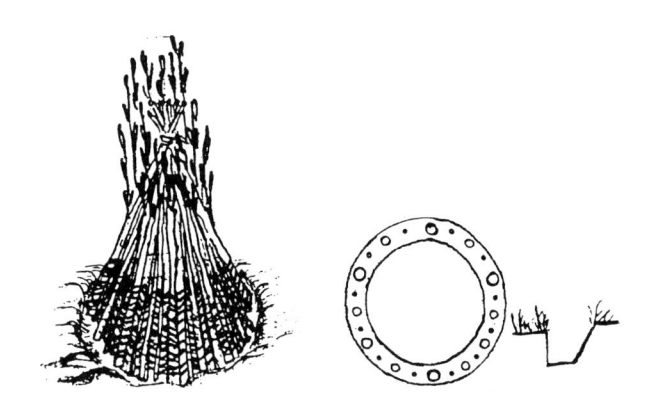

5. Bauschritt: Weiterer Aufbau des Weiden-Tipis

Je nach den klimatischen Verhältnissen und der Beschaffenheit des Bodens setzt im Mai der Austrieb der Gerüststäbe ein. Nach dem ersten Vegetationsjahr werden die neuen Austriebe in etwa waagerecht heruntergebogen und in das Flechtwerk eingeflochten. Diese Aufbau- und Pflegemaßnahme sollte 3 bis 4 Jahre lang wiederholt werden, um so ein möglichst dicht verzweigtes Tipi zu erhalten. Die Kegelspitze wird dabei jeweils bis auf einen ca. 20 cm bis 30 cm langen Austrieb zurückgeschnitten.

Nach den ersten Aufbaujahren kann ein jährlicher Rückschnitt des Tipis im Winter durchgeführt werden. Er verhindert, daß die Austriebe als mehrjährige Äste in ihrem unteren Bereich verkahlen, d.h. keine neuen Blätter und neuen Zweige mehr hervorbringen. Der Rückschnitt sollte immer so erfolgen, daß die Kegelform des Tipis erhalten bleibt. Überragen die Äste im oberen Bereich des Tipis nach außen hin die Äste im unteren Tipibereich, dann werden die oberen Äste deutlich stärker wachsen als die unteren Äste. Infolge dieses „umgestülpten" Kegels wird das Tipi im unteren Bereich durchsichtig und zugig.

Das Weiden-Lehm-Haus

Der Bau eines Weiden-Lehm-Hauses ist ein spannendes und kreatives Projekt. Auch bei diesem Spielelement nutzen wir die schier unausschöpfbaren Gestaltungsmöglichkeiten, die uns Weidenruten und -stämme bieten. Im Unterschied zum Weiden-Tipi soll das Weiden-Lehm-Haus wetterfest gebaut und im Sinne eines Spiel- und Wohnhäuschens eingerichtet werden.

Das Modell
Da der Bau eines Weiden-Lehm-Hauses mehrere unterschiedliche Arbeitsgänge umfaßt, ist es hilfreich, mit den Kindern zunächst ein Modell zu erstellen. Auf einer größeren Baumscheibe oder einem ca. 50 cm x 50 cm großen Arbeitsbrett zeichnen wir einen rechteckigen Grundriß, dessen Ecken leicht abgerundet werden. Auf dieser Grundrißlinie bohren wir mit einem Hand-

oder Akkubohrer (8er Holzbohrer) im Abstand von 2 cm durchgehende Löcher. In diese Löcher stecken wir senkrecht ca. 15 cm lange Weidenstäbchen. Wir spitzen die Stäbchen unten an, stecken sie in die vorgebohrten Löcher und schlagen sie mit einem kleinen Hammer fest.

Da das Häuschen ein regenabweisendes Satteldach erhalten soll, müssen wir an den Ecken und in der Mitte zweier Wände die Dachständer setzen. In die Mitte der beiden kürzeren Seiten setzen wir ein Weidenstäbchen, das am oberen Ende eine v-förmige Verzweigung aufweist und ca. 5 cm länger ist als die übrigen vier Ständer. Auch diese sollen am oberen Ende v-förmig verzweigt sein und die übrigen Gerüststäbe ca. 2 cm überragen.

Mit dünnen Weiden oder Hartriegelzweigen flechten wir nun die Wände des Häuschens aus. Wir bestimmen Tür und Fenster, indem wir beim Flechten Freiräume lassen. Das Flechtwerk bedeckt etwa 2/3 der Wände.

Für die Dachkonstruktion legen wir drei stärkere Weidenzweige in die v-förmigen Ständer und befestigen sie mit Bast oder Kordel. Aus Sperrholz sägen wir zwei Platten, die mit Nägelchen an den „Dachbalken" befestigt werden. Das Satteldach soll an seinen unteren Rändern ca. 2 cm überstehen.

Materialien

26 Weidenstäbe 2,30 m x 6 cm – 10 cm
2 Weidenstäbe 2,70 m x ca. 10 cm, wenn möglich mit v-förmiger Gabel
4 Weidenstäbe à 2,50 m x ca. 10 cm, wenn möglich mit v-förmiger Gabel
ca. 6 Bund Flechtweiden
3 Rundhölzer 3 m x 10 cm (entrindet)
alternativ: 3 Kanthölzer 3 m x 8 cm x 10 cm (natur)
9 qm Schalbretter à 3 m
7 qm Schalbretter à 2,5 m
2,5 kg 65er Nägel
12 St. 130er Nägel
2 Rollen 500er Bitumen-Dachpappe
500 g Dachpappstifte

1. Bauschritt: Setzen der Gerüststäbe

Für das Weiden-Lehm-Haus bestimmen wir den Grundriß, indem wir zunächst ein Quadrat von 2,5 m x 2,5 m mit Sand markieren. Der rechte Winkel kann nach Augenmaß bestimmt werden. Wir runden dann die Ecken leicht ab. Der Setzgraben wird spatenbreit ca. 50 cm ausgehoben. Die Aushuberde deponieren wir innerhalb des Grundrisses. In einem ersten Gang werden die v-förmigen Gerüststäbe gesetzt, die die Dachbalken tragen. Wir vertiefen am Standort der Träger den Setzgraben um jeweils ca. 25 cm und setzen die Träger so ein, daß die Dachbalken parallel in die Gabeln hineingelegt werden können. Die übrigen Gerüststäbe werden in einem Abstand von 25 cm gesetzt. Mehrere Kinder halten die Stäbe senkrecht in den Graben während andere die Erde hineinschaufeln und feststampfen. An der Eingangstelle sparen wir zwei bis drei Gerüststäbe aus.

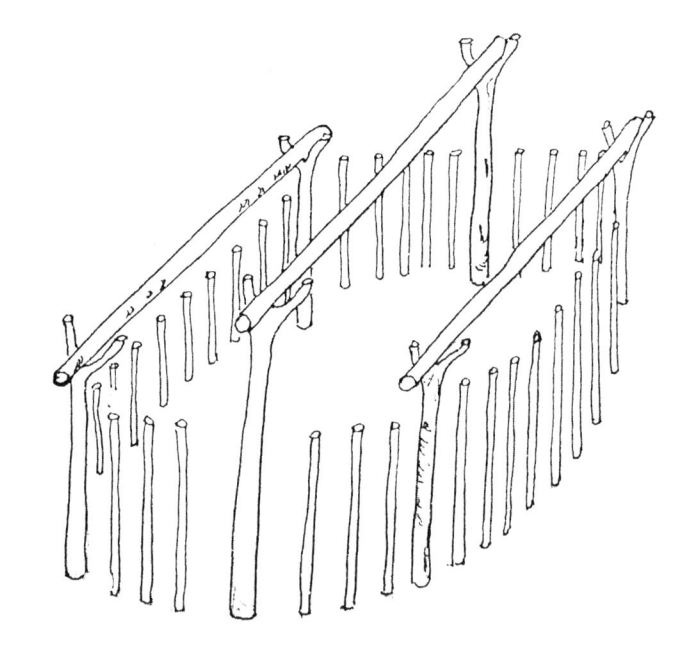

2. Bauschritt: Ausflechten der Gerüststäbe

Beim Flechten der Wände achten wir darauf, die Ruten immer abwechselnd von außen und innen einzuführen. Das Flechtwerk endet ca. 25 cm unterhalb der Weidenköpfe. In diesem oberen Bereich werden die Gerüststäbe der Sonne entgegen austreiben.

3. Bauschritt: Dachaufbau

Die Rundhölzer/Kanthölzer werden mit je zwei 130er Nägeln in den Weidengabeln angenagelt. Die Dachbretter werden auf die erforderliche Länge (1,50 m) zugeschnitten. Von zwei Stehleitern aus – eine innerhalb und eine außerhalb des Hauses – werden die Bretter aufgenagelt. Beim Verbrettern des Daches können kleine Löcher für die Enden der Dachgabeln eingeschnitten werden. Diese überragen dann das Dach um ca. 5 bis 10 cm und werden sich auch oberhalb des Daches begrünen. Die Weidengabeln können jedoch auch so eingekürzt werden, daß die Dachbretter über sie hinweg verlegt werden können. Das Dach sollte ca. 15 cm über die Seitenwände hinausragen. Die Dachpappe wird parallel zur Dachtraufe aufgebracht und mit Dachpappstiften befestigt.

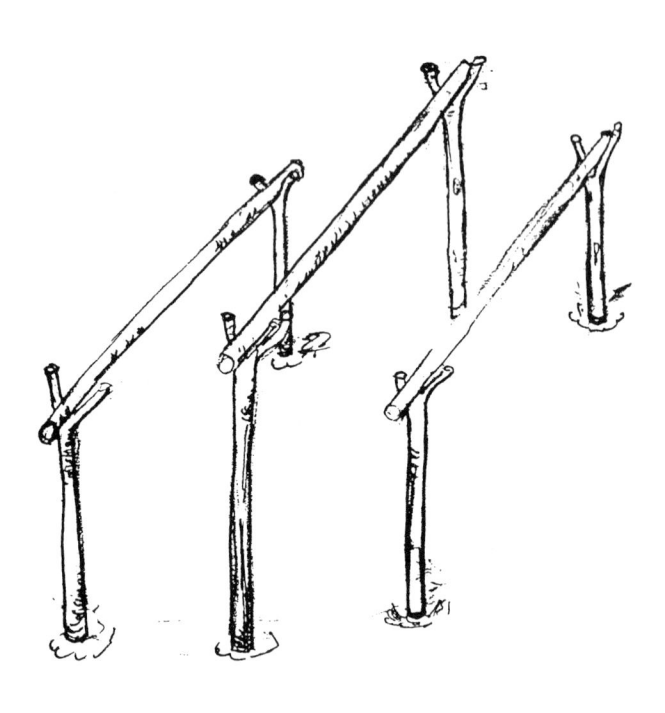

Nun beginnt das Verputzen, das durchaus die Dimensionen eines archaischen Lehmgemenges erreichen kann. Die LehmbauerInnen bewerfen die Flechtwände innen und außen mit Schwung, so daß das Lehm-Stroh-Gemisch in die Maschen des Flechtwerks dringen kann. Falls erforderlich wird das Gemisch mit den Fingern in die Hohlräume und zwischen die Flechtruten gedrückt. Mit flacher Hand wird abschließend die Lehmwand geglättet.

Wenn das Lehm-Stroh-Gemisch nach einiger Zeit getrocknet ist, zeigt der „Verputz" viele kleine Risse. Diese werden in einem abschließenden Arbeitsgang mit einem Brei aus Sand (eventuell Quarzsand), Verputzkalk und Wasser überstrichen. Die „Anstrich"-Mischung aus 1 Teil Sand und 3 Teilen Kalk und Wasser sollte so flüssig sein, daß sie sich mit einem Quast auftragen läßt, ohne an der Lehmwand herabzufließen. Die Anstricharbeiten sollten von Erwachsenen mit Vorsicht ausgeführt werden, denn der feuchte Kalk ätzt, wenn er Schleimhäute, die Augen oder offene Wunden berührt. Der trockene Anstrich ist absolut ungefährlich.

Sobald die Arbeitskräfte sich regeneriert haben, kann das Weiden-Lehm-Haus einen Holzfußboden erhalten. Er wird in der gleichen Weise verlegt wie der Fußboden des Holz-Spielhauses (s.o. S. 21).

Das Weiden-Lehm-Haus ist ein lebendes Haus, dessen Wände sich im oberen Viertel begrünen. Der Austrieb der Weidenstäbe kann im Winter waagerecht eingeflochten werden. So bildet sich ein grüner Kranz unterhalb des Daches, der im Verlauf der Jahres zurückgeschnitten werden kann. Falls erwünscht, können die grünen Wände auch seitlich das Dach überwachsen.

4. Bauschritt: Verlehmen der Wände

Das Weiden-Lehm-Haus kann in dem Zeitraum Ende Oktober bis Anfang Mai errichtet werden. Das „Verputzen" der Wände mit Lehm kann in den Sommermonaten geschehen. In einer größeren Wanne, einem Betonkübel oder in einer Erdgrube lösen wir Lehm bzw. gut lehmhaltige Erde in Wasser auf. Der Lehmbrei sollte in etwa wie ein zäher Rührteig beschaffen sein. In diesen aufgelösten Lehm geben wir kleingehäckseltes Stroh/Heu oder ersatzweise Rasenschnitt und vermischen die Materialien gut. Das Verhältnis Lehm-Stroh sollte etwa 3 Teile Lehm zu einem Teil Stroh betragen.

Das Weiden-Iglu

Das Weiden-Iglu kombiniert Bauelemente des Weidentipis und des Weiden-Lehm-Hauses. Es kann mit einem Pultdach errichtet werden und nimmt dann den Charakter einer grünen Spielhütte an. Bildet eine grüne Weidenkuppel sein Dach, dann wirkt es wie ein kleiner Weidenpavillon.

Der Durchmesser des Weideniglus kann 2 m bis 3 m betragen. Die im Folgenden genannten Materialien beziehen sich auf einen Durchmesser von ca. 2 m.

Materialien
20 Weidenstäbe 2 m x 4 cm bis 10 cm
4 Weidengabeln 2,50 m x 8 cm bis 10 cm
(4 Weidenstäbe 2,50 m x 10 cm)
5 Bund Flechtweiden
2 Rundhölzer 2,5 m x 8 cm
alternativ: 2 Kanthölzer 2,5 m x 6 cm x 8 cm
6,5 qm Schalbretter
1 Rolle Bitumendachpappe
500 g Dachpappstifte
8 St. 130er Nägel
500 g 65er Nägel

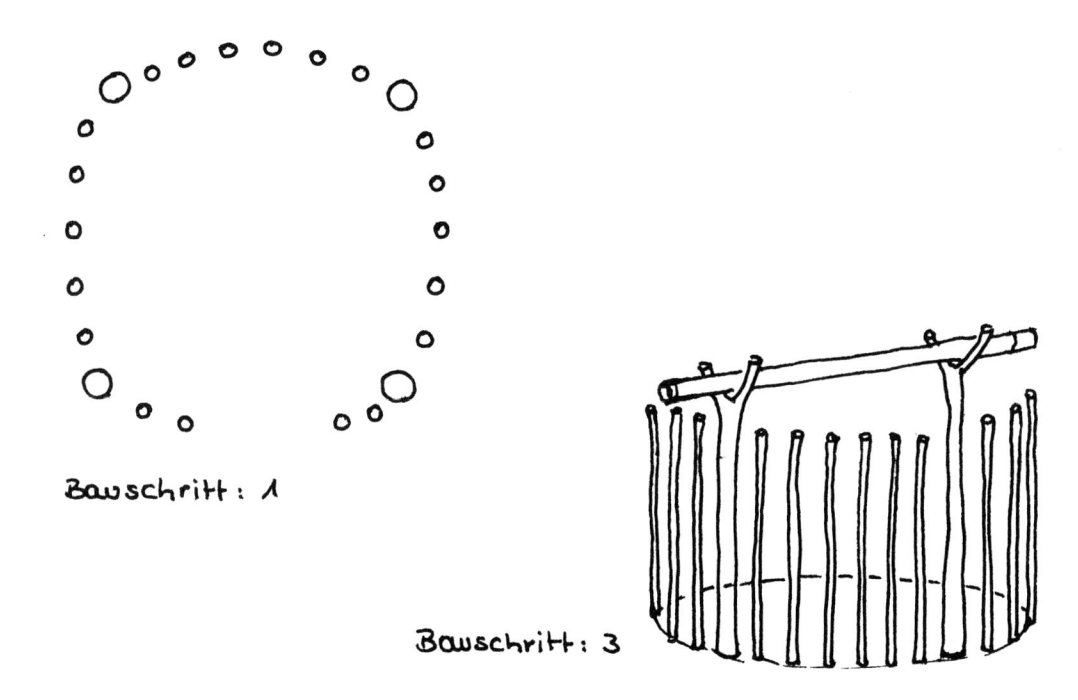

Bauschritt: 1

Bauschritt: 3

1. Bauschritt: Setzen der Gerüststäbe

Der mit Sand markierte runde Setzgraben wird ca. 50 cm tief und spatenbreit ausgehoben. Der ca. 60 cm breite Eingang wird ausgespart.

Die vier Weidengabeln, die das Pultdach tragen sollen, werden so eingesetzt, daß die beiden vorderen Träger (H = 1,90 m) die hinteren Träger (H = 1,60 m) um ca. 30 cm überragen.

Die übrigen Weidenstäbe werden im Abstand von 25 cm so tief gesetzt, daß sie eine Höhe von ca. 1,50 m aufweisen. Die beiden Weidenstäbe, die den Eingangsbereich markieren, sollten ca. 6 cm bis 10 cm dick sein.

Der Setzgraben wird schichtweise aufgefüllt und festgestampft.

2. Bauschritt: Ausflechten der Gerüststäbe

Die Flechtweiden (Astmaterialien) werden möglichst dicht bis zu einer Höhe von ca. 1,30 m eingeflochten.

3. Bauschritt: Dachaufbau

Die Rundhölzer (Kanthölzer) werden in den Gabeln bzw. auf den 4 stärkeren Trägern angenagelt. Die Schalbretter werden mit je zwei Nägeln befestigt. Sie sollten den Grundriß des Weideniglus nur knapp (ca. 20 cm) überragen. Die vier Kanten des Igludaches werden gebrochen, um das Dach der runden Bauform des Iglus anzupassen. Abschließend wird die Bitumendachpappe aufgenagelt.

Der Austrieb des Weideniglus wird verstärkt im oberen Drittel einsetzen. In den ersten Jahren sollten diese Austriebe in die Gerüststäbe eingeflochten werden.

Iglu-Varianten:

Eine gestalterische Iglu-Variante stellt *das Iglu mit einer grünen Dachkuppel* dar. Anstelle des Holzdaches werden mehrere (6 bis 10) 2 cm bis 3 cm dicke Weidenstäbe eingesetzt, die bogenartig ineinander verschränkt und gebunden werden sollen. Diese Weidenstäbe sind ca. 3 m lang und werden zunächst mit den übrigen Weidenstäben 50 cm tief eingesetzt. Erst nach dem Ausflechten werden die längeren Stäbe vorsichtig heruntergebogen und miteinander verbunden. Die grüne Kuppel des Weideniglus wird stark austreiben. Sie kann im Laufe einiger Jahre zu einer dichten laubenartigen Decke verflochten werden.

Eine weitere Variante ist das *Weiden-Erd-Iglu*. Es kann doppelwandig aufgebaut werden, wobei die äußere Wand ca. 1 m und die innere Wand ca. 1,60 m hoch ist. In den ca. 30 cm breiten Zwischenraum der beiden Flechtwände kann Erde eingefüllt werden, so daß das Iglu den Charakter einer Erdgrotte annimmt. Wird das Weiden-Erd-Iglu in einen Hügel oder eine Böschung hineingebaut, dann erscheint es als eine kuschelige Erdhöhle. Der höhlenartige Charakter des Weiden-Erd-Iglus kann auch verstärkt werden, indem im Iglu eine ca. 30 cm tiefe Mulde ausgehoben wird. Entlang der Gerüststäbe verbleibt ein ca. 30 cm breiter Randstreifen, der als Sitzfläche dienen kann.

Die phänomenale Weide

Die Weide ist ein Naturphänomen, d.h. eine Naturerscheinung, die Kinder und Erwachsene zum Staunen bringen kann. Ihr gelingt dies weniger als Strauch oder Baum, die am Ufersaum oder Wegesrand wachsen, sondern viel eher, wenn sie als kleiner Steckling oder großer Stab gepflanzt, d. h. kultiviert wird. Dies kann in einem mit Erde aufgefüllten Aquarium im Kinderzimmer oder im Gruppenraum eines Kindergartens geschehen, in dem mit kleinen Weidenstecklingen eine Miniatur-Spiellandschaft gebaut wird. Wird die kleine Spiellandschaft regelmäßig mit Wasser besprüht, dann wächst sie unter den staunenden Blicken der Kinder heran, kleine Blättchen schieben sich aus der Rinde, kleine weiße Wurzeln graben sich an der Glaswand entlang in die Erde ein.

Werden im Garten oder Außengelände gar Spielhäuser, Tipis und Iglus mit lebenden Weidenstämmen und Weidenruten gebaut, dann beginnt ein kultivierender Umgang mit der Pflanze Weide, der im Verlauf der Jahreszeiten und Jahre, immer wieder auf's Neue das Gestalten (Flechten, Schneiden, Leiten) und das Wundern über die Vitalität der Weide anregt und provoziert. Dieses im spielerischen Gestalten eröffnete Interesse für die Weide als Lebewesen, als Gestalt und Pflanzenart ist ein Erlebnis- und Lernschritt in einen elementaren Lernprozeß, in dem Kinder ihre persönlichen Beziehungen zu den Naturelementen und Naturphänomenen aufbauen.

Das Weidentipi könnte Erwachsene und Kinder anregen, weitere Weidenbäume im Umfeld der Wohnung oder der Kindertagesstätte aufzuspüren, ihre Gestalten zu zeichnen, ihre Blätter zu trocknen und zu vergleichen, aus der getrockneten Rinde dreijähriger Weidenzweige Weidentee zu kochen (s. Literaturempfehlungen, S. Fischer, Blätter von Bäumen). Alte Kopfweiden

könnten die Augen der BesucherInnen für das Werden und Vergehen des Lebens öffnen. Ihre trutzigen, gnomenhaften Gestalten führen zurück zu den Mythen und Legenden der Weidengöttin, Weidenfeen und weisen Frauen, die sich in Weiden verwandeln konnten. Der tägliche Umgang mit den Weidenpflanzen und die jahreszeitlich sich verändernde Wahrnehmung der aus Weiden gestalteten Spielelemente könnten im Bewußtsein der Kinder die Vitalität der Weide, ihre Wuchs- und Erneuerungskräfte zu einem Sinnbild der natürlichen Lebenskräfte werden lassen.

Der phänomenale Zugang zu der Weide veranschaulicht exemplarisch, daß alle Naturphänomene die Wahrnehmung von Kindern und Erwachsenen ansprechen und subjektive Eindrücke und Empfindungen hervorrufen können.

Aus der Sicht der Kinder stellt die Weide den Gegentyp einer „Du-darfst-mich-nicht-berühren-Pflanze" dar. Sie wird lebend verbaut und angepflanzt, um von den Kindern später bewohnt und als Spielmaterial genutzt zu werden. Auch in diesen praktischen Nutzen der Weide als Spiel- und Baumaterial ist die Weide nicht nur das Mittel für die Spielzwecke der Kinder, sondern die Länge ihrer Ruten, die Biegsamkeit ihres Holzes, die Farben ihrer Rinde faszinieren die Kinder und inspirieren ihr Spiel. Die Weide setzt somit einen Kontrapunkt zu den weithin geläufigen Giftlisten, Gefahrenkatalogen und Verbotsschildern, die den Umgang der Kinder mit Pflanzen an vielen Orten reglementieren.

Die „bespielbare Weide" animiert zu einer Spielkultur, die das Zusammenpuzzeln serieller Fertigteile und das Bedienen standardisierter Geräte in konstruktiv-kreativen Spielformen überwindet. Der gestalterische Umgang mit lebenden Weiden-Baumaterialien deutet punktuell einen Umgang mit den Naturelementen an, der nicht ausbeuterisch sondern immer wieder neu schöpferisch mit und aus ihnen gestaltet.

Die jährlich geschnittenen Weidenruten laden in der Winterzeit ein, Gebrauchsgegenstände und phantasievolle Spielzeuge herzustellen. Auf Baumscheiben lassen sich kleine Tabletts, Körbchen, Tipis und Iglus flechten. Auf Holzplatten können Bauernhöfe, Siedlungen und Phantasielandschaften mit Weiden geflochten und Naturmaterialien ausgestaltet werden. Die unterschiedlichen Spielzeuge lassen sich mit Weidenmaterialien herstellen, die ab November geschnitten und an einer schattigen Stelle im Garten oder Gelände gelagert werden. Sie bleiben bis in den Mai biegsam und können ohne vorherige

Wässerung verarbeitet werden. Für die senkrecht oder schräg einzusetzenden Stäbe werden Löcher mit dem Akku- oder Handbohrer gebohrt. Die Baumscheibe oder die Holzplatte sollte mit einer Schraubzwinge am Arbeitstisch befestigt sein. Die Stäbe werden angespitzt und mit einem kleinen Hammer in die Bohrlöcher eingeschlagen. Sind die Weiden bereits einige Zeit abgelagert, können die Stabspitzen leicht eingeleimt werden.
Fällt die Rutenernte im Herbst gut aus, dann können Raumteiler für den Innenbereich, Terrassenbegrenzungen und Gartenzäune geflochten werden.

Vom Tischbeet zum Kinder-Garten

„Kindgemäße" Gärten?

„Mit Kindern gärtnern" führt vielerorts in die Niederungen gärtnerischer Mühsal und Ohnmacht. Die Gartenprobleme sind weder durch Appelle an die Vor-Sicht der Kinder noch durch vermehrte Pflegemaßnahmen zu lösen. Sie sind vielmehr in der gestalterischen Anlage der Gartenelemente im Außengelände begründet. Die konventionelle Anlage der Beete kopiert in der Regel Beetformen aus dem Nutzgarten. Die Beete liegen dann entweder vereinzelt am Rande der Spielfläche oder in einer abgelegenen Geländeecke, in der sie gleicherweise vor unachtsamen Beschädigungen geschützt wie den Blicken der Kinder entzogen sind.

Ziel einer kindgemäßen Anlage der Gartenelemente ist es, das Gärtnern für die Kinder zu einem spielerischen und erfolgreichen Tun werden zu lassen. Die folgenden gestalterischen Beispiele lassen sich mit den Kindern realisieren. Der Gebrauch der Werkzeuge Hammer und Säge kann vorher in Nagel- und Sägespielen geübt werden.

Das Tischbeet

Das Tischbeet stellt einen Minigarten dar, der an einer Terrasse, vor einer Fensterbank oder an einer ausgesuchten Stelle im Gelände angelegt werden kann. Es wird nach dem Vorbild des sogenannten Hochbeets gebaut, das in der Biogarten-Bewegung weit verbreitet ist. Dieses Hochbeet ist ein 1 m breiter und 80 cm bis 1 m hoher und unterschiedlich langer hölzerner Beetkasten. Der aus unbehandelten Rundhölzern oder Brettern gefertigte Kasten wird schichtweise mit organischem Material und Erde aufgefüllt. Im Verlauf von 5 bis 7 Jahren entsteht im Hochbeet durch den biologischen Verrottungs- und Umsetzungsprozeß ein wachstumsförderndes Bodenleben und eine fruchtbare Muttererde.

Für das Gärtnern mit Kindern kann das beschriebene Hochbeet in ein Tischbeet abgewandelt werden. Die Kinder können auf diesem Beet wie an einem Spieltisch graben, säen, pflanzen, beobachten und experimentieren.

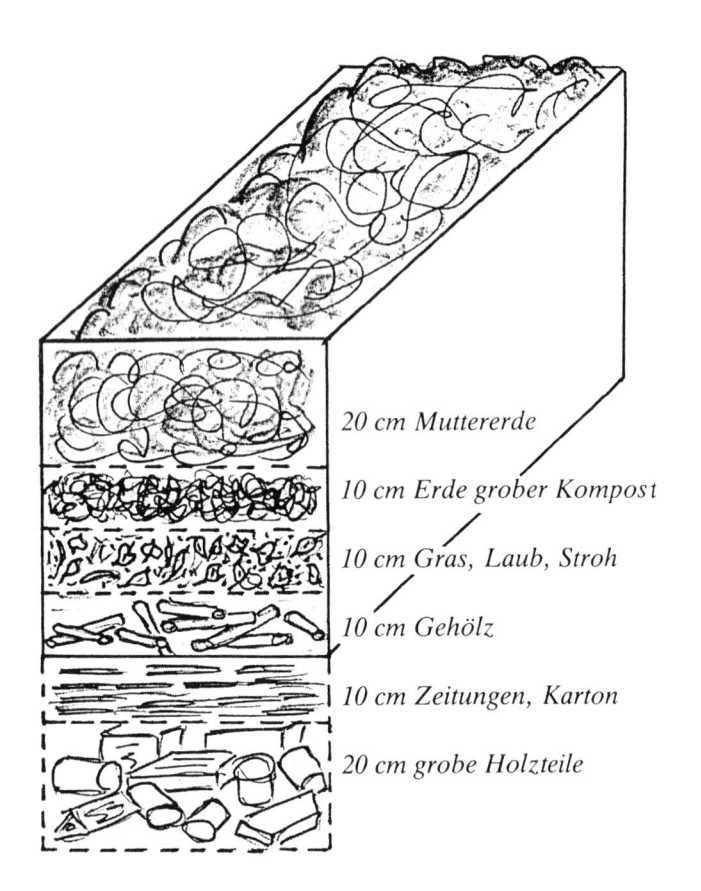

20 cm Muttererde

10 cm Erde grober Kompost

10 cm Gras, Laub, Stroh

10 cm Gehölz

10 cm Zeitungen, Karton

20 cm grobe Holzteile

Der Grundtyp des Tischbeetes ist 2 m lang, 80 cm breit (innen) und 50 cm hoch. Die Rundhölzer können 4 cm bis 8 cm dick sein; werden Bretter verwandt, so sollten ungehobelte Schalbretter verarbeitet werden. Die Beetwände werden mit vier 1 m langen und 8 cm dicken Pfählen oder Rundhölzern abgestützt.

Materialien
4 Pfähle/Rundhölzer 1 m mal 8 cm – 10 cm
16 Rundhölzer 2 m mal 6 cm
16 Rundhölzer 80 cm mal 6 cm
alternativ: 10 Schalbretter 2 m mal 10 cm
*   10 Schalbretter 80 cm mal 10 cm*

1. Bauschritt: Das Grundgerüst
An den vier Ecken werden die Stützpfähle eingeschlagen, so daß sie noch 50 cm aus der Erde ragen. Ist der Untergrund sehr verdichtet oder mit Bauschutt aufgefüllt, können die Pfähle/Rundhölzer in Setzlöcher gestellt und festgestampft werden.
Die ersten vier Rundhölzer/Bretter werden so an die Stützpfosten angenagelt, daß die Rundhölzer/Bretter an der Längsseite außen und an den Breitseiten innen an die Stützen genagelt werden. Die Stützen stehen somit frei und haben über dem Boden keinen Erdkontakt.

2. Bauschritt: Ausheben der Beetgrube
Im Beetbereich wird eine ca. 30 cm tiefe Beetgrube ausgehoben. Die Erde um die Stützpfähle wird nicht ausgegraben. Kann die Aushuberde als Gartenerde gebraucht werden, wird sie in der Nähe des Beetes gelagert. Sie darf nicht festgetrampelt werden, da sie später für die Füllung des Beetes verwendet wird. Eventuelle Rasensoden werden getrennt abgetragen und gelagert.

3. Bauschritt: Einfassung der Beetgrube
Die übrigen Rundhölzer/Bretter werden außen (Längsseite) und innen (Breitseite) angenagelt.

4. Bauschritt: Befüllung der Beetgrube
Entsprechend der Grundskizze (s.o. S. 54) wird die Beetgrube zunächst mit einer ca. 20 cm hohen Schicht unbehandelter gröberer Holzstücke gefüllt. Balkenreste, zersägte Fichtenstangen und Weidenstäbe, dickere Äste, Wurzeln und Bretterreste lassen sich so verwerten. Einige Schaufeln Erde werden als Rottestarter zugegeben.

Die folgende ca. 10 cm hohe Schicht aus Zeitungspapier und Karton wird leicht angefeuchtet und ebenfalls mit einigen Schaufeln Erde geimpft. Selbstverständlich werden keine Hochglanzbroschüren und Kataloge eingebracht. Die folgende Lage Gehölzschnitt kann auch durch Häckselmaterial ersetzt werden. Falls vorhanden können Grassoden, Stroh, oder Laub auf den Gehölzschnitt folgen. Abschließend wird die ca. 30 cm starke Lage Muttererde eingefüllt.

In dem schichtweise mit organischem Material und Erde aufgefüllten Tischbeet setzt ein Verrottungsprozeß ein, der über mehrere Jahre verläuft. Die in diesem Rotte- und Zersetzungsvorgang tätigen Bodenlebewesen (Bakterien, Pilze, Asseln, Würmer u.v.a.) erwärmen den Erdboden und erschließen den Pflanzen die Nährstoffe. Die hölzernen Füllmaterialien sorgen für eine ausreichende Belüftung und werden nur langsam zersetzt.

Sollten äußere Umstände wie Materialmangel oder die Bodenbeschaffenheit dazu zwingen, das Beet abweichend von den skizzierten Angaben zu füllen, dann kann dies durchaus geschehen. Allein die Schicht der Muttererde sollte immer ca. 25 cm bis 30 cm dick sein.

Tischbeet-Varianten

Das Tischbeet kann auch auf einer durch Bitumen, Beton oder Verbundbelag versiegelten Untergrund aufgestellt werden. Zu diesem Zweck werden die beiden Längsseiten vorgefertigt. Die 60 cm langen Breitseiten werden dann innen an die Stützen angenagelt. Um zu verhindern, daß eventuell sandige Muttererde unten aus dem Beetkasten herausgeschwemmt wird, kann eine Teichfolie in die untere Beethälfte eingelegt werden. Die Stabilität des Beetkastens wird erhöht, wenn er zweimal mit verzinktem Draht umspannt wird.

Wird das Tischbeet an einer Terrasse oder zur Begrenzung eines Sitzplatzes aufgestellt, dann kann es mit einer Pergola überbaut werden. Die vier Stützen des Tischbeetes sollten dann 10 cm dick sein und ca. 2 m aus der Erde herausragen bzw. um 1.5 m das Tischbeet überragen. Die beiden Rundhölzer, die die Pfetten der Tischbeet-Pergola bilden, sollten 2,5 m lang sein und an den Enden des Tischbeetes um ca. 25 cm überstehen. Die Auflagehölzer können aus Rundhölzern (6 cm x 1,20 m) oder 1,20 m langen Dachlatten bestehen, die jeweils im Abstand von 15 cm aufgenagelt werden.

Die Pergola kann je nach ästhetischem Empfinden waagerecht verlaufen oder schräg geneigt sein. Die zur Sonne geneigte Schrägstellung empfiehlt sich, wenn die Pergola Schatten auf der Terrasse spenden soll. Besonders nach Süden orientierte Terrassen erweisen sich in den Sommermonaten als Backöfen, die Kinderköpfe und angrenzende Räume gleichermaßen aufheizen. In diesen Fällen sollten Schlingpflanzen wie

Hopfen, Bergclematis, Trauben, Kiwis u.a. an den Seiten der Tischbeete angepflanzt werden und über verzinkte Spanndrähte zur Hauswand geleitet werden. Diese Spanndrähte werden mit U-Nägeln an der Pergolenpfette befestigt. An der gegenüberliegenden Wand oder eventuell an den Köpfen der Dachsparren werden stärkere Haken angebracht, an denen der Spanndraht befestigt werden kann. Je nach den Licht-, Sonnen- und Schatteninteressen der BenutzerInnen können die Schlingpflanzen ein dichteres oder durch Schnitt reduziertes grünes Terrassendach bilden.

Die Grundform des Tischbeetes läßt sich vielfältig variieren: Zwei Tischbeete können z. B. mit einem Querbeet verbunden ein U-Beet bilden. Bei einer anderen Variante wird der Grundtyp mit niedrigen Beeten ergänzt.

Eine Fülle unterschiedlicher Beetformen lassen sich mit naturbelassenen Rundhölzern gestalten, die senkrecht in einen ca. 40 cm tiefen Setzgraben gestellt werden. Die Rundhölzer sollten 6 bis 10 cm dick sein und ca. 40 cm aus der Erde ragen. Ihre Haltbarkeit erhöht sich, wenn sie geschält werden.

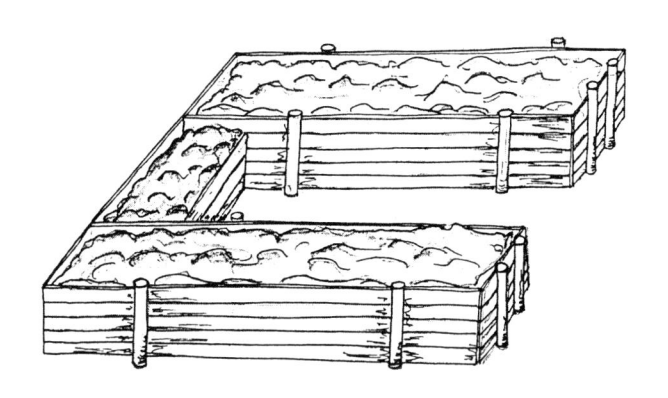

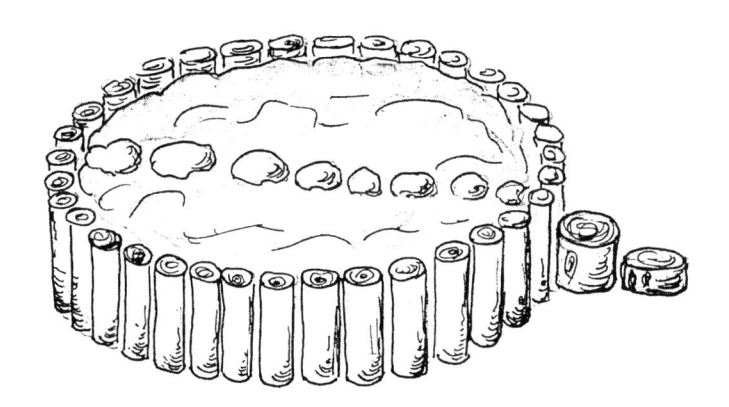

Das Kräuterrondell

Das Kräuterrondell ist ein Ort, an dem Kinder und Erwachsene in besonders intensiver Weise den Düften, Aromen, Farben und Gestalten begegnen. Hier versammeln sich Pflanzen, die seit Jahrhunderten die Menschen begleiten und als Duft-, Tee-, Würz- und Heilpflanzen auf ihr Wohlbefinden einwirken. In den Pflanzen des Kräuterrondells sind die Energien gespeichert, die im Zusammenspiel zwischen den Elementen Erde, Wasser und Licht (Sonne) entstehen. Die ätherischen Öle, die Gerbstoffe und Bitterstoffe sind die geheimnisvollen Kräfte, die den menschlichen Organismus und seine Psyche in vielfältiger Weise fördern. Der Duft der Kräuter zeigt, worin sich diese von anderen Gewächsen wie z. B. Kartoffeln oder Weidegras unterscheiden: Die Kräuter sind lebende Konzentrate, ja verwandelte Materie, die unseren Stoffwechsel anregen und regulieren, entkrampfen und stärken können.

Die Anlage eines Kräuterrondells richtet sich in Standort und Aufbau nach dem Sonnenhunger der Kräuter. Der sonnige Standort wird durch eine ca. 35 cm hohe Einfassung des Rondells verstärkt. Die Kräuter stehen dann nicht mehr platt auf dem Erdgrund, sondern sind den Sonnenstahlen stärker ausgesetzt. Die Umrandung kann als Trockenmauer mit Bruchsteinen bebaut oder auch mit Ziegelsteinen und Mörtel gemauert werden. Eine einfache und ästhetisch sehr ansprechende Rondelleinfassung kann mit den Kindern leicht und billig hergestellt werden.

Materialien
Rondell mit einem 2 m großen Durchmesser
27 unbehandelte Pfähle/Rundhölzer (6 cm x 70 cm),
2 Bund Weiden
Sand und Erde
Kräuter

1. Bauschritt: Das Grundgerüst

Mit Hilfe eines Pfahls und eines Seils wird der Umfang des Rondells markiert und mit Sand ausgestreut. Im Abstand von 30 cm werden die Pfähle/Rundhölzer ca. 35 cm eingeschlagen/eingesetzt. Diese im Kreis gesetzten Pfähle werden mit Weiden oder anderen längeren Zweigen 25 cm bis 30 cm hoch ausgeflochten. Zur längeren Haltbarkeit werden immer zwei Ruten/Zweige verflochten. Haselnußzweige, die ca. 1 cm bis 2 cm dick sind, eignen sich hervorragend zum Ausflechten des Rondells.

2. Bauschritt: Befüllung und Bepflanzung

Das Rondell wird mit einem Gemisch (1 : 1) von Sand und Erde aufgefüllt. Die durch den Sand abgemagerte Erde begünstigt die Entwicklung der Inhaltsstoffe, Farben und Düfte. Einige Trittplatten sollten den Kindern auch das Betreten des Rondells ermöglichen. Die Bepflanzung sollte darauf achten, daß die höher wachsenden Kräuter die kleineren Kräuter nicht buchstäblich in den Schatten stellen. Pfefferminze sollte nicht auf das Beet gepflanzt werden, da sie sehr starke Ausläufer bildet und das Beet bald überwuchert. Auch Riesen wie Alant, Beifuß und Liebstöckel sollten einen eigenen Platz im Kinder-Garten erhalten.

Der Kinder-Garten

Als Alternative oder Ergänzung zur lockeren Integration von Blumenbeeten oder Obstbäumen in das Spielgelände bietet sich die Anlage eines räumlich geschlossenen Gartenbereiches an. In diesem Kinder-Garten geht es nicht primär um die Schulung emsiger KleingärtnerInnen. Der kleine Garten soll vielmehr als weiterer Handlungs- und Erlebnisraum das Gelände bereichern. Kinder können hier, vielleicht erstmalig in ihrem Leben, die Entwicklung selbstgezogener Pflanzen vom Samen bis zur Ernte erleben. Viele verschiedene Farben, Formen, Düfte, Gestalten und Materialien können wahrgenommen werden. Wachstum, Zusammenspiel der Pflanzen und die räumliche Gestalt des Gartens können den Kindern Phänomene, atmosphärische Wirkungen eines vitalen Lebensraums vermitteln.

Bei der Anlage eines Kinder-Gartens sollten folgende Gestaltungshinweise beachtet werden:

✪ Der Garten soll im Verlauf des Tages möglichst gut von der Sonne beschienen werden. Südlage ist nicht erforderlich; Nordlage ist zu meiden.

✪ Im Verlauf der Planung ist eine in etwa maßstabsgetreue Gartenskizze zu entwickeln.

✪ Der erste Arbeitsschritt trennt den Garten durch eine einfache Einfriedung vom übrigen Spielgelände ab. In einem kleinen Gelände sind Flechtzäune heckenartigen Abgrenzungen vorzuziehen. Steht etwas mehr Raum zur Verfügung, dann kann ein Weidenflechtzaun oder eine Beerenobsthecke (Brombeer-, Himbeerspalier, Beerensträucher in dichter Heckenpflanzung) den Kinder-Garten begrenzen.

✪ In der Anlage des Kinder-Gartens sollten keine industriell gefertigten Bauelemente verwandt werden. Je naturnäher und formenreicher die Materialien sind, desto ansprechender ist die ästhetische Wirkung und der ökologische Reichtum des Gartens.

✪ Die Beete und größeren Pflanzen wie Obststräucher, -bäume und Stauden müssen für die Kinder gut zugänglich sein.

✪ Die Wege, Zwischenräume und teilweise auch die Beete/Pflanzen können mit Rindenmulch, Holzhäcksel oder Hobelspänen abgedeckt werden.

✪ Die Kompoststelle sollte im Kinder-Garten oder in seiner Nähe liegen.

✪ Schwere, lehmige Böden werden durch Sandzuschläge gelockert. Sandige Böden werden durch Kompost und Gründünger humoser.

Die Skizze auf der folgenden Seite zeigt, wie auf einer relativ kleinen Grundfläche von 5 m x 3 m ein ansprechender Kinder-Garten gestaltet werden kann. Die Gartenfläche ist durch einen 70 cm hohen Flechtzaun eingefriedet. Das Kräuterrondell ist der Blickfang und Pol des kleinen Gartens. In die beiden Tischbeete ist ein Sitzbeet integriert. Drei ca. 15 cm hohe Beete sind platzsparend einander zugeordnet. In der Wurmgrube wird Wurmkompost produziert. Am Flechtzaun entlang wachsen Feuerbohnen, Ackerwinden, Wicken, Kapuzinerkresse, Malven, Ringelblumen u.a. Blumen und Stauden.

Die Wurmgrube ist 2 m lang, 1 m breit und 60 cm tief in die Erde eingelassen. Ihre Wände bestehen aus Rundhölzern. Die mittlere Trennwand ist so genagelt, daß die Würmer von einer Grubenhälfte in die andere wandern können. Der Boden der Regenwurmgrube ist mit gelochten Ziegelsteinen/Kalksandsteinen ausgelegt.

So sind die Würmer vor dem Maulwurf geschützt und können sich im Winter bei Bedarf in tiefere Erdschichten zurückziehen. Die beiden Kammern werden nacheinander mit organischem Material (auch Essensresten) aufgefüllt. Zugaben von Erde und Gesteinsmehl verbessern die Humusqualität.

Für die Grube können Kompostwürmer (wie der Mistwurm „Eisenia foetida") bei Spezialfirmen bestellt werden. Aber auch heimische Regenwürmer stellen sich bald an der Futterstelle ein und verwandeln die organische Masse in hochwertigen Regenwurmkompost. Haben die Würmer ihre Arbeit in einer Kammer getan, wandern sie in die Nachbarskammer.

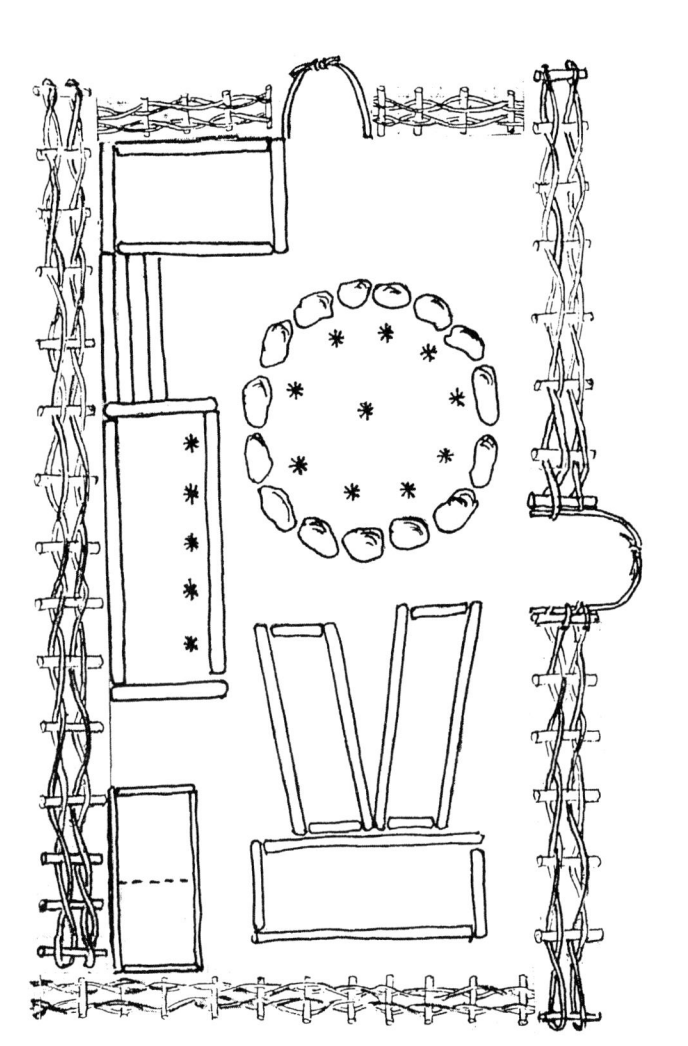

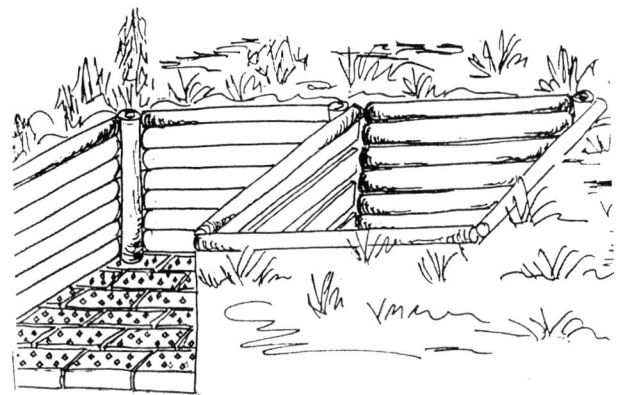

Pflanzen für den Kinder-Garten

Die folgenden Pflanzen können sowohl in abgegrenzten kleinen Kinder-Gärten als auch an ausgewählten Stellen im Spielgelände gepflanzt werden. Kleine Obstbäume und Obststräucher sollten auf jeden Fall angepflanzt werden.

Obstbäume

Die folgenden Sortenempfehlungen beziehen sich auf sogenannte Buschbäume, d.h. auf Bäume, die auf eine schwach wachsende Unterlage veredelt sind. So ist z.B. die Birne Alexander Lukas als Buschbaum auf eine Quitte aufgepfropft. Die Obstbuschbäume fruchten früh und sind von jüngeren Kindern gut zu ernten. Folgende Obstbäume sind leicht anzubauen und sehr ertragreich.

Äpfel:
- Roter Jonathan: süß, saftig, genußreif im Oktober
- James Grieve: spritzig, saftig, ab Ende August genußreif, kann nach und nach vom Baum geerntet werden, haltbar bis Dez./Jan.
- Goldparmäne: Königin der Äpfel, festes gelbliches Fleisch, volles fruchtiges, leicht säuerliches Aroma bildet sich erst während der Lagerung
- Gloster: Kreuzung von Glockenapfel und Red Delicious, saftig, leicht säuerlich aromatisch, Ernte Ende Oktober, voller Geschmack ab Dezember
- Geheimrat Oldenburg: würzig, saftig, festes Fleisch, genußreif ab September, sehr guter und verläßlicher Ertrag

- Klarapfel: saftig, leicht säuerlich, ab Mitte August direkt vom Baum zu genießen, vollreife Früchte haben ein leicht mehliges Fleisch
- Discovery: saftig, aromatisch, ab Mitte August direkt vom Baum zu genießen, festes Fleisch, zwei Monate lagerbar.

Für eine gute Befruchtung und einen höheren Ertrag sollten jeweils zwei bis drei der genannten Apfelsorten gepflanzt werden.

Birnen:
- Conference: festes Fruchtfleisch, saftig, aromatischer geschmack, ab Mitte September vom Baum zu genießen; bei Lagerung wird das Fleisch zart; sehr guter Ertrag
- Clapps Liebling: saftige, aromatische Früchte, bereits Ende August genußreif

Beide Birnensorten sollten zusammen gepflanzt werden. Conference ist selbstfruchtbar und kann auch alleine gepflanzt werden.

Süßkirsche
Als Süßkirsche können frühe, mittelfrühe und späte Kirschsorten gewählt werden. Burlat und Schneiders schwarze Knorpelkirsche sind geschmacklich gut und im Ertrag mittelfrühe bzw. späte Kirschsorten.

Mispel
Die Mispel erinnert in ihren Blüten an die Quitte, ist jedoch ein heimischer Obststrauch. Seine braunen Früchte werden erst nach dem ersten Frost teigig und genießbar.

Quitten

Birnen und Apfelquitten bringen feste, gelbe Früchte, die im Dampfentsafter entsaftet werden können. Die Quittenfrüchte lassen sich lange aufbewahren und verströmen in Schalen aufgestellt einen köstlichen Duft.

Blutpflaumen

Blutpflaumen werden zunehmend auch als schwach wachsende Buschbäume angeboten. Ihr Laub und ihre eßbaren Früchte sind purpurn gefärbt.

Obststräucher

Johannisbeeren

Sie sollten in roten, schwarzen und weißen Sorten gepflanzt werden.

Himbeeren

Die Sorte Korbfüller trägt vom Sommer bis in den Herbst hinein. Im März werden ihre Ruten über der Erde abgeschnitten, so daß neue Ruten wachsen können.

Brombeeren

Als dornenlose Sorte – mit einem ausgezeichneten Geschmack – ist die Brombeere Hull's Thornless zur Zaunberankung bzw. für eine Pergola oder ein Beerenspalier zu empfehlen.

Josta

Sie ist aus einer Kreuzung von schwarzer Johannisbeere und Brombeere hervorgegangen; sie bildet hohe Sträucher und ist sehr ertragreich.

Haselnüsse

Sie sollten immer in kultivierten Sorten mit einigen Wildhaseln gepflanzt werden. Als veredelte Haselnüsse sind zu empfehlen: Hall'sche Riesen, Webb's Preisnuß, Wunder von Bollweiler, Bluthasel (Lambertnuß).

Strauchheidelbeere

Die beiden Sorten Bluecrop Kulturheidelbeere und Berkeley Kulturheidelbeere sind problemlos anzubauen; guter Ertrag.

Stachelbeeren

Sorten, die gegen Mehltau (Pilzkrankheit) resistent sind garantieren eine gute Ernte.

Taybeere

Eine Kreuzung aus Himbeere und Brombeere, die an einem Rankgerüst rote, wohlschmeckende Früchte trägt. Wie bei der Brombeere werden die abgeernteten Ruten nach der Ernte über der Erde abgeschnitten.

Der Früchtekorb kann weiterhin mit Früchten von Wildsträuchern gefüllt werden. Felsenbirnen, Apfelbeeren, Kornelkirschen, Traubenkirschen, und Schwarzer Holunder bezaubern mit ihren Blüten und schenken jährlich reiche, schmackhafte Früchte.

Die inneren Bilder des Gärtnerns

Die im neunzehnten Jahrhundert gegründeten pädagogischen Einrichtungen für Kinder im Vorschulalter wurden programmatisch nicht als Vorschulen sondern als Kindergärten bezeichnet. Der Pädagoge Fröbel, der diesen Begriff prägte, ging davon aus, daß die kindliche Seele in der Umgebung eines Gartens vielfältig angesprochen und positiv gefördert werde. Um die Jahrhundertwende fand diese Überzeugung auch in der schulischen Erziehung zahlreiche AnhängerInnen. LehrerInnen, Eltern und Kinder legten Schulgärten an, in denen die praktische Gartenarbeit den Unterricht lebensnäher machte und nicht selten einen Beitrag zur Ernährung der SchülerInnen leistete. Die Idee des Schulgartens wurde in den 80er Jahren wiederbelebt, um den SchülerInnen ökologische Lernprozesse vor Ort zu eröffnen und sie für die biologischen Grundlagen des menschlichen Lebens zu sensibilisieren.

Im Zusammenhang des vorliegenden Arbeitsbuches soll die Frage thematisiert werden, in welcher Weise der Kinder-Garten die innere Entwicklung, d. h. das psychische Heranwachsen der Kinder fördern kann.

Entsprechend der Grundüberzeugung, daß die kindliche Entwicklung sich wesentlich im Spiel vollzieht, zielt das Gärtnern mit Kindern nicht auf das mögliche Produkt (Früchte) sondern auf die eigene sinnliche Betätigung und das affektive Wohlbefinden der Kinder. Das spielerische Erlernen gärtnerischer Praxis, die kognitiven Erkenntnisse zum Wachsen und Reifen der Gartenpflanzen sollten primär nicht Kompetenzen und Wissensbestände der Kinder mehren, sondern Anlässe zum entdeckenden und staunenden Umgang mit Erde und Pflanzen geben.

Dieses Staunen kann einsetzen, wenn Kinder die Samenkörner von Kichererbsen, Mungobohnen, Weizen, Kresse und Senf auf einem feuchten Untergrund zum Keimen bringen und die Entwicklung des Keimlings mehrere Tage erleben können, bis daß sie ihn genüßlich verzehren. Feuerbohnen können in erdgefüllten Eierkartons (pro Vertiefung eine Bohne) auf der Fensterbank vor den Augen der Kinder zu kleinen Pflanzen heranwachsen und selbsttätig in den Kinder-Garten verpflanzt werden. Im Herbst schlägt die Feuerbohne die Kinder mit ihren lila prunkenden Samenkörnern erneut in ihren Bann.

Im Kinder-Garten verliert die Mutter-Erde auch dann nicht ihre Zauberkräfte, wenn Kinder erfahren, daß sie aus Mineralien, d. h. aus kleinen und allerkleinsten Steinchen entsteht. Weiche Steine wie Schiefer und Sandstein können zu Staub zerrieben werden, der in Prisen gekostet werden kann. Der gärtnerische Zugang zur Erde und zu den Pflanzen eröffnet den Kindern Möglichkeiten, sinnlich an Naturphänomenen und -vorgängen teilzunehmen. Sie erleben die Pflanzen und die Erde, in der sie graben nicht aus der Distanz des erwachsenen Nutzgärtners als Dinge und Mittel, sondern werden von den Naturphänomenen psychisch angesprochen und berührt. Der Schweizer Biologe Adolf Portmann sieht in dieser Fähigkeit der Kinder, sich von der belebten Mitwelt ansprechen zu lassen, sie als ein beseeltes Gegenüber wahrzunehmen, die primäre Art der kindlichen Naturwahrnehmung. Diese „läßt zunächst einmal die primären Eindrücke der Sinne intakt, sie bewahrt das Ursprüngliche, Besondere, die Qualität von Form und Linie, Farbe und Laut, Geruch oder Tastgefühl." (Portmann 1973, S. 294).

Die von Portmann beschriebene Weltsicht der Kinder zeigt sich im Zusammenspiel von Kind und Blume. Im gärtnerischen Spiel ziehen Blumen Kinder magisch an. Kinder pflücken Blumen, schmücken sich selbst, Spieltische und ganze Räume mit ihnen. Die Namen der Blumen, die im Kinder-Garten wachsen und blühen können auf ihre Herkunft und ihre Bedeutung hin befragt werden. Die Namen wie Wegwarte, Vergißmeinnicht, Johanniskraut, Ringelblume sind Kürzel für das lange Gespräch, das diese Pflanzen mit den Menschen geführt haben. In Märchen, Legenden und Mythen sind diese Gespräche protokolliert und erzählerisch verdichtet worden (s. Literaturempfehlungen, S. Fischer: Medizin der Erde). Kinder finden zu den Blumennamen und -märchen ihre eigenen phantasievollen Zugänge. Lernen die Kinder das Blumenhoroskop kennen, dann sind sie erpicht darauf, „ihre Blume", die mit ihrem Sternzeichen verbunden ist, zu sehen, zu duften und zu pflücken. Es fällt ihnen nicht schwer, sich mit ihrer Blume zu identifizieren: „Ich bin Wegwarte!" „Ich bin Johanniskraut!"

Das sinnliche Erleben der Naturphänomene ruft im Bewußtsein der Kinder Bilder und Vorstellungen hervor, in denen die Erlebnisse aufbewahrt und später wieder erinnert werden können. Die alltäglichen Sinneserfahrungen sind somit die Quelle der inneren Bilder und Phantasien der Kinder: „In der Phantasie werden wir um so beweglicher, je mehr und je vielfältigere Sinneserfahrungen wir seit frühester Jugend aufgrund unseres Sinnenhungers gemacht haben. Es sind viele lebendige innere Bilder, die dann entstehen können. Diese ermöglichen Beweglichkeit und Freiheit, auch wenn die äußere Beweglichkeit – vorübergehend wie im Unterricht oder auch auf Dauer durch eine Körperbehinderung – eingeschränkt sein sollte." (Schiffer 1993, S. 104).

Dieser Gedankengang des Therapeuten Eckhard Schiffer zur entwicklungspsychologischen Dynamik und Bedeutung des sinnenvollen Umgangs mit Naturphänomenen offenbart die inneren Wachstumsprozesse, die das spielerische Gärtnern mit Kindern fördert. Die im Gärtnern gewonnenen vielfältigen senso-motorischen Erfahrungen sind eigenständig und eigensinnig erworben. In ihrer Phantasie erinnern die Kinder ihre eigenen Bilder, die sie in authentischen Spielsituationen gewonnen haben. Die selbstgewonnenen Bilder inspirieren die Neugier, stärken die Phantasie und das Vorstellungsvermögen der Kinder.

Die Skizze des entwicklungspsychologischen Zusammenhangs von innerer Phantasie und Kreativität und äußerer spielerischer Sinnesarbeit sollte Erwachsene dazu anspornen, nach alltäglichen Orten und Gelegenheiten zu suchen, in denen dieses psychische und physische Wachsen der Kinder in ihrem beschriebenen Zusammenspiel gefördert werden könnte. Hierzu bedarf es keines großen Nutz- oder Ziergartens. Bereits die gemeinsame Anzucht von Pflücksalat und Radieschen in einem Tischbeet oder einer Pflanzkiste vermittelt vielfältige sinnliche und emotionale Erfahrungen.

Der Anbau von Obststräuchern wie Johannisbeeren, Josta, Apfelbeeren, Felsenbirne, Stachelbeeren, Haselnüssen verwandelt den Kinder-Garten in ein Füllhorn der Mutter Erde, die ohne große Gegenleistung die Kinder und Erwachsenen mit bunten, süßen, säuerlichen, wohlschmeckenden Früchten beschenkt. Haben die Sträucher sich zwei, drei Jahre entwickelt, dann werden die Erträge schon so reichlich, daß die Ernten zu Saft, Marmelade, Gelee oder Trockenobst verarbeitet werden können. Die kleine pragmatische Vorratswirtschaft verlängert die Garten- und Erntefreuden bis in den Winter hinein.

Wenn die nach Wald duftende Brombeermarmelade am Frühstückstisch mundet, dann ruft sie die sommerlichen Erntetage und das gemeinsame Pflücken, Entsaften und Gelieren der Brombeerfrüchte zurück. Das vergangene Elebnis ist in der Erinnerung aufgehoben; die schlummernden Bilder können durch Düfte und Aromen geweckt werden und auf's neue Freude bereiten.

Im Gartenjahr fließt die Zeit nicht als gerader Strom von Stunden, Tagen, Wochen und Monaten. Die Gartenzeit wird für Kinder begreifbar in Wachstums-, Reife- und Erntezeiten. Die Gartenzeit ist gefüllt mit Sämereien, Knospen, Blüten, Früchten, bunten Blättern, fallendem Laub und reifem Kompost. Der ständige Wechsel, die Fortschritte und Veränderungen wecken die Neugier der Kinder, ihr Verlangen nach dem Neuen, dem Unbekannten. Der Kreis-Lauf der Gartenzeit verknüpft das Ende mit dem Anfang, läßt immer wieder neu den Frühling auf den Winter folgen. Der Garten kann somit beides: er provoziert die Neugier der Kinder und er weckt in Ihnen das Vertrauen.

Die Übergänge vom Winter zum Frühling, vom Frühling zum Sommer, vom Sommer zum Herbst und vom Herbst zum Winter können in kleinen Gartenfesten begrüßt und bewußt erlebt werden. Im März künden die Weidenkätzchen das Ende des Winters und das Kommen des Frühlings an; im Juli sammelt das Johanniskraut die Wärme und die Heilkraft der Sonne, im November fallen reife Äpfel und bunte Blätter vom Herbst in den Winter.

Wasserspiele

Das Spiel am Wasser, mit dem Wasser und im Wasser ist so grenzenlos wie das Wasser selbst. Wasser fasziniert Kinder in vielfältigen Gestalten und regt sie zu intensiven und phantasievollen Spielen an. Im Gefolge der Ökologiebewegung ist das Wasser in sogenannten Feuchtbiotopen und Gartenteichen in Hausgärten und Schulgärten eingezogen. Diese Wasserinseln vermehren die ökologische Vielfalt der Gärten und Schulhöfe und schaffen vielfältige Beobachtungs- und Erlebnisräume.

Die im folgenden vorgestellten Wasserstellen betonen weniger ökologische und ästhetische Aspekte; sie dienen in erster Linie dem Spiel der Kinder.

Der spielerische Umgang mit dem Element Wasser erscheint aus der Perspektive der Kinder und Jugendlichen in sich plausibel und keiner weiteren Begründung zu bedürfen. Aus der Sicht der Erwachsenen ist das jedoch anders. Auf öffentlichen Spielplätzen ist stehendes Wasser eine Gefahrenquelle für die Gesundheit der Kinder: sie könnten sich am abgestandenen Wasser infizieren oder im Wasser ertrinken. Für das Spiel im Garten und im Spielgelände pädagogischer Einrichtungen, das unter der Aufsicht von Eltern oder PädagogInnen stattfindet, sollte die Wasserstelle kein Tabu darstellen. Ihre Gestaltung soll so erfolgen, daß einerseits die Gefahr des Ertrinkens – auch für Kleinkinder – gebannt ist, andererseits dem spielerischen Umgang mit dem Wasser möglichst viele Schleusen geöffnet werden.

Die Wasserpfützen

Die banalste Form, in der sich das Wasser allerorten niederschlägt, ist die kleine oder größere Pfütze. Sie kommt mit dem Regen und geht mit der Sonne. Es bedarf lediglich kleiner Mulden, in denen die Regentropfen so lange verweilen, bis daß Sonne und Wind sie himmelwärts tragen. In Naturspielräumen werden Pfützen gezielt angelegt, um so ihre Lebensdauer zu verlängern bzw. gerade in den Sommertagen das Pfützenspiel zu ermöglichen. Die Anlage einer Pfütze vermittelt praktische Erfahrungen, die bei der Gestaltung größerer Wasserstellen von Nutzen sind.

Um die Mulde abzudichten bieten sich als Materialien Lehm, Ton und Folien aus Kunststoff an. Die Beschaffheit dieser Materialien erfordert unterschiedliche Arbeitsweisen. Die im folgenden beschriebenen Arbeitsschritte und Verfahren lassen sich auch auf die Gestaltung größerer Wasserstellen bzw. die Anlage von Feuchtbiotopen übertragen.

Die Pfütze sollte an einem sonnigen, bei Kleinkindern gut einsehbaren Standort angelegt werden.

Sie sollte einen Durchmesser von ca. 1 m haben und etwa 15 cm bis 20 cm tief ausgehoben werden.

Die Folien-Pfütze

Wird eine 1 mm starke Teichfolie verwandt, dann ist lediglich eine ca. 10 cm tiefe Mulde auszuheben. Etwa 10 cm vom Muldenrand entfernt wird ein ca. 15 cm tiefer, handbreiter, die Mulde umschließender Graben ausgehoben. Die Mulde wird dann mit einer ca. 2 cm dicken Sandschicht bedeckt. Auf dieser Schicht wird die Folie ausgelegt.

Der Folienrand wird in den kleinen Graben eingelegt. Im nächsten Schritt wird die Mulde mit Wasser gefüllt. Abschließend wird der Graben, in dem der Folienrand versenkt wurde, mit Erde aufgefüllt und festgestampft.

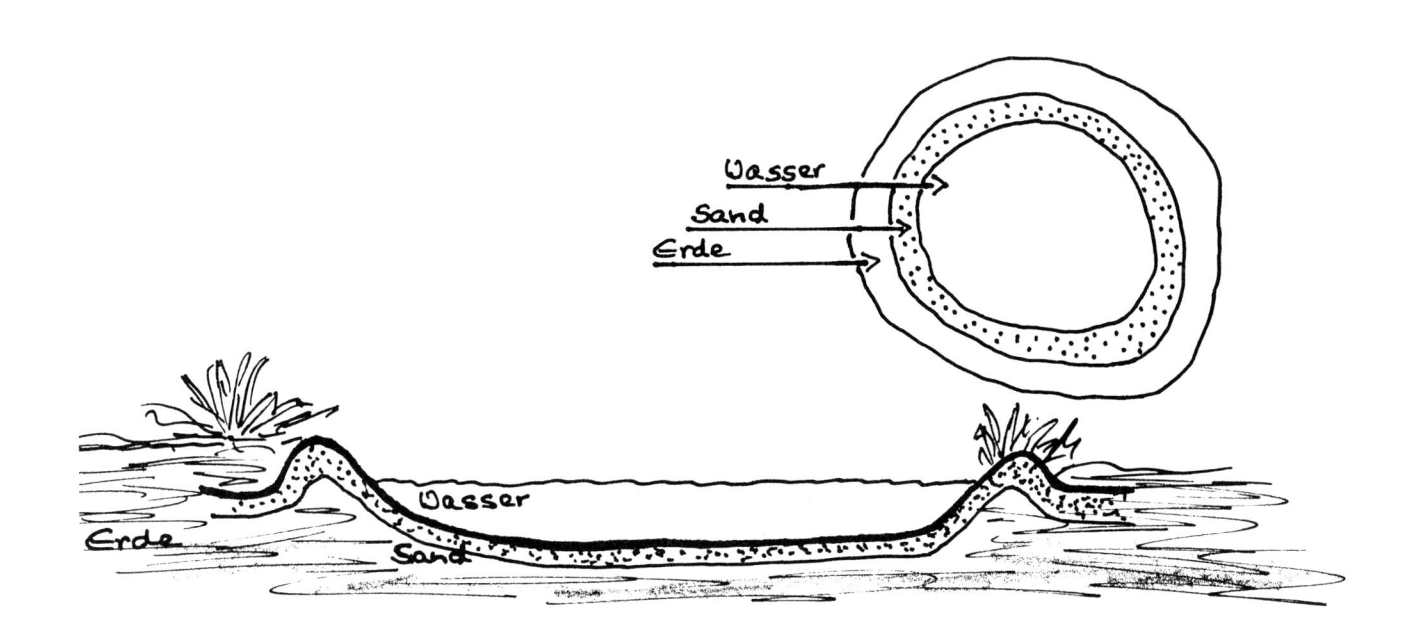

Die Lehm-Pfütze

Soll der Pfützengrund mit Lehm abgedichtet werden, dann ist die Mulde ca. 30 cm tief auszuheben. Der Lehm kann nicht sofort eingefüllt werden, sondern er muß vorher mit Wasser und gelöschtem Kalk (Maurerkalk) vermischt werden. Die Kalkzugabe verdichtet den Lehm und erhöht so seine abdichtende Wirkung.

Zum Abdichten einer ca. 1 m breiten Pfütze benötigen wir etwa 0,3 cbm bzw. ca. 4 Schubkarren Lehm. Wir kippen eine Karre Lehm auf eine befestigte Fläche und geben 2 Schaufeln Kalk dazu. Mit dem Spaten hacken wir den Kalk in den Lehm, drehen und wenden das Lehm-Kalk-Gemisch und stampfen es abschließend

nen vorsichtig ausgeführt werden. Kalk ätzt und soll auf keinen Fall Augen, Schleimhäute oder offene Wunden erreichen. Kinder können in Gummistiefeln das Lehm-Kalk-Wasser-Gemisch in der Pfützenmulde stampfen.

Trocknet die Lehmpfütze aus, dann bilden sich Risse im Rand und auf der Sohle, die das Wasser im Erdreich versickern lassen. Die eventuell aufgetretenen Risse können mit Wasser und Lehm wieder gekittet werden. Einfacher ist es, den Wasserstand der Pfütze im Auge zu behalten und gegebenenfalls nachzufüllen. Wird ein dikker Stein in die Pfütze gelegt, dann kann sie den Vögeln als Tränke dienen.

Die Ton-Pfütze

In vielen Regionen kann der Lehm durch Ton ersetzt werden, der zufällig bei Straßen- und Hausbaumaßnahmen auftaucht oder in gewerblichen Tongruben gewonnen wird. Der Ton wird wie der Lehm in ca. 5 cm dicken Scheiben in der Mulde ausgelegt. Mit Rundhölzern werden die Tonplatten festgestampft und verdichtet, so daß eine durchgehende Tondecke entsteht. In drei Arbeitsgängen wird so eine Tonabdichtung von ca. 15 cm geschaffen. Die Tonmulde wird abschließend mit Wasser gefüllt und sollte wie die Lehmmulde möglichst nicht austrocknen.

mit Holzstampfern oder mit den Füßen. Je nach der Festigkeit des Lehms geben wir Wasser hinzu, ohne jedoch einen Lehmbrei anzurühren.

Nun stechen wir mit dem Spaten ca. 5 cm dicke Lehmscheiben ab und legen mit ihnen den Muldengrund von der Mitte her aus. Die Lehmscheiben können sich leicht überlappen und werden mit Holzstampfern festgestampft. Besonders sorgsam wird die Randschicht ausgelegt und festgestampft. Um die Pfützenmulde wirksam abzudichten, werden drei bis vier Lehm-Kalk-Lagen in der beschriebenen Weise aufgetragen. Abschließend wird mit einem groben Schwamm und Wasser die Oberfläche des Pfützengrundes glatt modelliert.

Nach diesem Arbeitsgang wird die Lehmmulde mit Wasser aufgefüllt. Das Wasser sollte langsam über ein Brett in die Mulde rinnen. Das Vermischen von Lehm und Kalk sollte von Erwachse-

Die Pflege der Wasserpfützen

Da die Wasserpfützen kein natürliches Biotop, sondern ein naturnahes Spielelement darstellen, sollten sie – je nach Bedarf – immer wieder mit Wasser aufgefüllt werden. Steht das Wasser längere Zeit in den Pfützen, dann sollten keine organischen Materialien wie Blätter oder andere Pflanzenteile in der Pfütze liegen. Sie faulen und verwandeln das Wasser in eine modrige Brühe.

Die Wasserstelle

Die Anlage einer Wasserpfütze vermittelt Materialkenntnisse und gestalterisches Geschick, die zum Bau einer größeren Wasser-Spielstelle motivieren. Eine ca. 2 m x 2 m große Wasserstelle soll den Kindern vielfältige Spielmöglichkeiten eröffnen: sie können Schiffe schwimmen lassen, angeln, Wasser zum Matschen schöpfen oder barfuß plantschen.

Die Anlage der Wasserstelle folgt dem oben beschriebenen Bau der Wasserpfützen. Die Wasserstellen können mit Teichfolien, Lehm oder Ton abgedichtet werden. Die Gestaltung der Wasserstelle unterscheidet sich aufgrund ihres größeren Volumens in den folgenden Punkten von der Anlage der Wasserpfütze:

- Die Mulde der Wasserstelle wird 40 cm (Folie) bzw. 50 cm (Lehm/Kalk) tief ausgehoben. Die Mulde hat ein Gefälle von ca. 1 : 2,5 (10 cm Höhenunterschied auf 25 cm Länge). Wird eine größere Wasserstelle mit einem Lehm-Kalk-Gemisch oder mit Ton abgedichtet, dann ist es hilfreich, eine Rüttelplatte oder einen Vibrationsstampfer einzusetzen. Die ca. 20 cm dicke Lehmabdichtung kann dann in zwei Lagen zu ca. 10 cm eingebracht und verdichtet werden. Die Tonabdichtung kann einlagig in einer Dicke von 15 cm aufgebracht und abgerüttelt werden.
- Die 1 mm starke Folie bzw. die 20 cm dicke Lehmabdichtung/15 cm dicke Tonabdichtung werden mit Kieselsteinen abgedeckt. Die Kieselsteine sollen die Mulde soweit ausfüllen, daß die Wassertiefe lediglich 5 cm bis 10 cm beträgt. Die Kieselsteine sollen ca. 5 cm bis 10 cm dick sein, so daß sie eine stabile, begehbare Lage bilden. Die eingefüllten Kieselsteine haben eine doppelte Schutzfunktion. Sie reduzieren die Wassertiefe und damit das Unfallrisiko für die Kinder; sie schützen die Folie bzw. die Lehm- oder Tonabdichtung vor mutwilligen Zerstörungen.
- Eine problematische Zone bildet der Rand der Wasserstelle. Wird die Wasserstelle stark bespielt, dann kann der Rand aufweichen oder abgetreten werden. Diese Beschädigung der Wasserstelle kann durch zwei einfache Maßnahmen verhindert werden. Um die Hälfte der Wasserstelle wird ein ca. 50 cm hoher Weidenflechtzaun gesetzt, der den Zugang zur Wasserstelle teilweise blockiert. Ein ca. 40 cm hoher und 80 cm breiter Erdwall, der mit Wildstauden wie Beinwell, Weidenröschen, Beifuß und Rainfarn bepflanzt wird, erfüllt den gleichen Zweck. Der andere Randteil kann mit einem Rundholzpflaster oder einem Steg befestigt werden.

Pflege der Wasserstelle

Wie die Wasserpfütze so muß auch die Wasserstelle an einem sonnigen, gut einsehbaren Standort liegen. Organische Materialien dürfen nicht im Wasser vermodern, sondern sind von den Kindern mit Kächern und Sieben herauszufischen. Da die Wasserstellen mit Kieselsteinen aufgefüllt sind, sollte kein Sand oder Lehm in das Wasser gelangen. Würde die Wasserstelle zur Matschstelle umfunktioniert, dann versandete oder verlehmte sie in kurzer Zeit. Die Wasserstelle kann sowohl mit Leitungswasser als auch mit gesammeltem Regenwasser gefüllt werden.

Plantschen, Matschen, Suhlen

Wenn Wasser und Erde gemischt werden, dann entsteht als fünftes Element „Matsche", „Modder", eine Ursuppe, die das kreative, phantasievolle Spiel der Kinder in einzigartiger Weise weckt. Die Anlage eines Naturspielraums bietet Kindern die Elemente Wasser und Erde (Sand, Lehm, Steine) in einem atmosphärisch ansprechenden Spielraum an.

Die Grundausstattung einer „Matschstelle" kann folgende Elemente umfassen:
• Sandgrube
• Lehmgrube
• Steingrube
• Wasser „quelle" (Wasserschlauch, Wassertonne, Wasserstelle, Wasserpumpe)
• Pflanzen (Sonnen- und Windschutz)
• Sickergrube

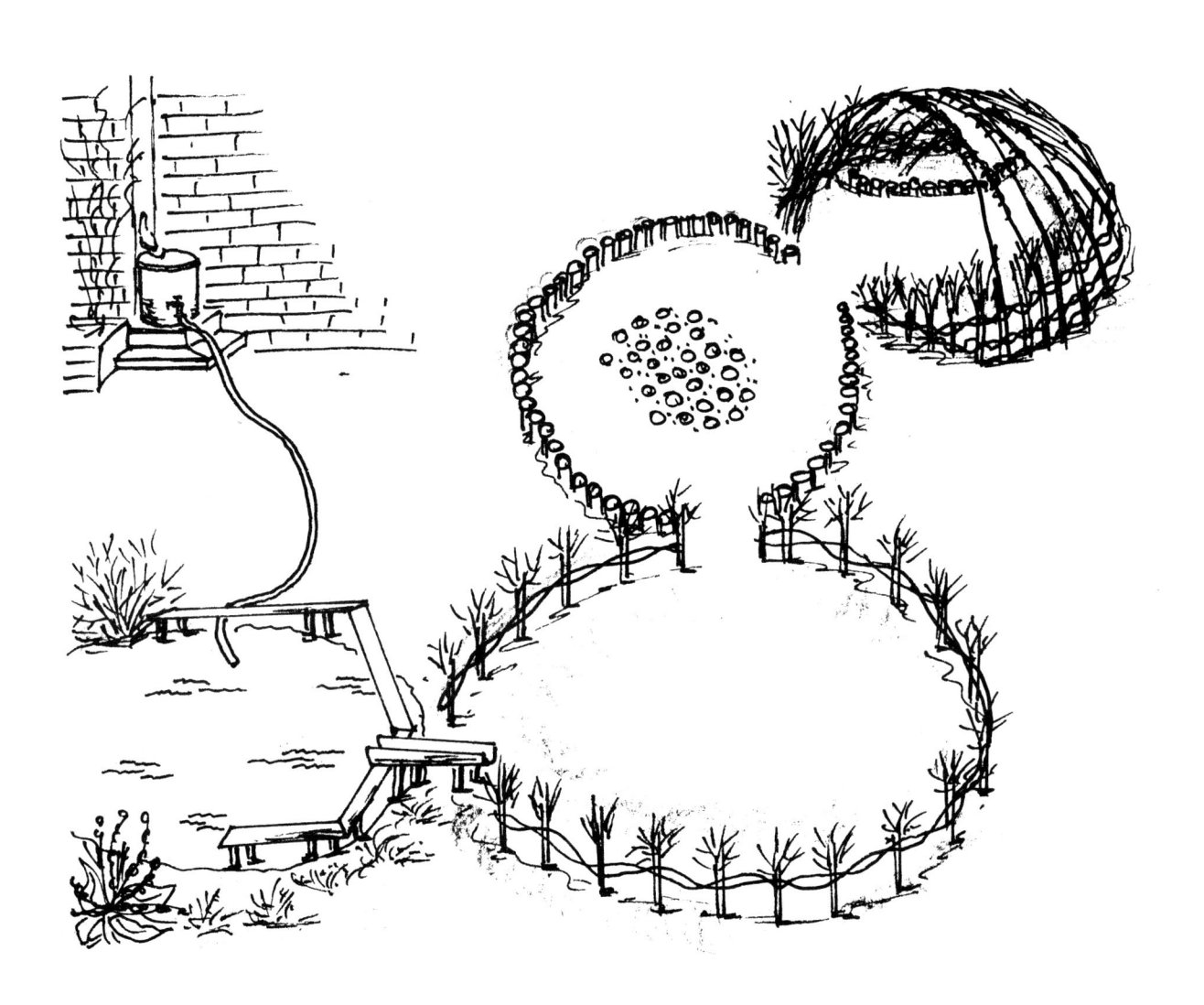

Anlage der Sandgrube

Die Sandgrube bildet die Grundfläche der Matschstelle, die um weitere Elemente ergänzt werden kann. Sie kann im Hausgarten 2 m x 2 m umfassen, in einem Kindergartengelände durchaus 5 m x 7 m groß sein.

Sie sollte von den übrigen Spielräumen durch einen Weidenflechtzaun, einen kleinen bepflanzten Wall oder einen mit Sträuchern bepflanzten Sickergraben abgetrennt sein.

Eine atmosphärisch ansprechende Gestaltung der Sandgrube ergibt sich, wenn der ca. 40 cm tiefe Erdaushub am Grubenrand zu einem kleinen Wall aufgeschüttet wird, der von ausgeflochtenen Weidenpalisaden gehalten wird. Die Anlage dieser Einfassung aus Weidenpalisaden folgt den Anleitungen zum Bau elementarer Spielgruben (s.u. S. 82).

Die Weiden wachsen an und spenden vor allem im südlichen Bereich der Sandgrube Schatten. Zudem bieten sie Stöckchen und Blätter als Material zum kreativen Matschen an.

Je nach der Beschaffenheit des Untergrundes und der mehr oder weniger starken Benutzung der Matschstelle versickert das Wasser im Erdboden. Ist der Untergrund sehr verdichtet, dann empfiehlt es sich, an der tiefsten Stelle der Sandgrube ein Sickerloch auszuheben. Es sollte in einer größeren Matschstelle ca. 1 m x 1 m x 1 m breit und tief sein. Dieses Sickerloch wird zur Hälfte mit grobem Bauschutt (alten Ziegelsteinen) oder Bruchsteinen aufgefüllt. Die obere Hälfte wird mit Kieselsteinen aufgefüllt. Die Oberfläche des Sickerlochs wird mit größeren Findlingen oder drei bis vier ca. 40 cm x 50 cm starken Baumabschnitten abgedeckt. Diese Abdeckung verhindert ein zu schnelles Verschlämmen der Oberfläche des Sickerlochs.

Die Lehmgrube

Der Lehm ist eine erdene Modelliermasse, gröber als Ton und feiner als Sand. Er läßt sich leichter als Ton kneten, formen, rühren und verstreichen. An warmen Tagen ist ein Lehmbad ein sinnlicher Genuß, dessen Gesundheitswert seit den Lehmpionieren Felke und Kneipp unbestritten ist.

Die Lehmgrube (s. o. das Foto auf S. 71) sollte eine besonders markierte Spielstelle sein, die an die Matschstelle angrenzt. Sie sollte ca. 2 m x 3 m groß sein und etwa 50 cm tief ausgehoben werden. Der Aushub kann als kleiner Wall um den Rand angeschüttet werden. Der Rand der Lehmgrube wird mit ausgeflochtenen Weidenstäben befestigt. Hierbei kann eine Hälfte der Grube als Lehmlager mit Rundhölzern abgetrennt werden. Soll der Lehm durchgehend feucht bleiben, dann ist das Lehmlager mit einer Teichfolie auszulegen. Im vorderen Bereich der Grube können Baumabschnitte als Modellier- und Spieltische aufgestellt werden. Der Lehm bleibt länger feucht, wenn die Weiden bogenartig zusammengebunden werden. Dies kann bereits beim Setzen der Weidenstäbe geschehen oder später wenn die Weiden 1 m bis 2 m hoch gewachsen sind.

Die Steingrube

Wo Wasser, Sand und Lehm vorkommen, sind die Steine oft nicht weit. Eine Grube voller gewaschener Kieselsteine in unterschiedlichen Formen und Farben stellt eine große Bereicherung für das Spiel mit den Elementen Wasser und Erde dar. Die Steine könnten als „Edelsteine" gewaschen und ausgesiebt werden oder als „Bausteine" in den Sand- und Lehmgebilden verwandt werden. Die Steine können auch rund um die Wasserpumpe gelagert und durch einen Palisadenring eingefaßt werden.

Die Wasserquelle

Die einfachste Wasserquelle ist der Wasserschlauch mit einem Aufsatz zum Regulieren des Wasserstroms. Das Wasser könnte in eine in der Sandgrube aufgestellte Wassertonne fließen. Die heute im Handel erhältlichen Wassertonnen haben einen Wasserhahn, an dem die Kinder das Wasser zapfen können.

Das Wasser kann alternativ von einer Wasserstelle über eine Wasserrinne in die Sandgrube geleitet werden. Die Kinder schöpfen das Wasser mit Eimern und ähnlichen Behältern in die Rinne und fangen es in der Sandgrube wieder auf.

Die Installation einer im Gartenfachhandel preisgünstig erhältlichen gußeisernen Wasserpumpe in der Nähe der Sandgrube eröffnet den Kindern eine neue Spieldimension: sie können mit der Pumpe den Fluß und die Menge des Wassers selbst bestimmen und sind so bereits an der „Quelle" des Wasserspiels aktiv engagiert. Die Pumpe kann an eine Wasserleitung angeschlossen werden oder über einer in die Erde eingelassenen Wassertonne installiert werden. Diese Wassertonne kann über einen Wasserschlauch mit Trinkwasser gefüllt werden oder mit dem Wasser aus einer Regentonne gespeist werden. In jedem Fall sollte die Wasserpumpe auf einem Sockel aus Holz stehen, so daß ein Gefälle von der Pumpe zur Sandgrube besteht. Das Wasser kann dann über Wasserrinnen in die Sandgrube fließen und dort kreative Matsch- und Bauaktionen anstiften.

Die Bepflanzung der Matschstelle

Die Bepflanzung soll die Matschstelle in das Spielgelände integrieren, die atmosphärische Wirkung des Naturspielraums verstärken und den Kindern Sicht- und Sonnenschutz bieten.

Eine aus Rundhölzern gebaute Pergola könnte einen Teil der Sandgrube bedecken. Rankpflanzen wie Hopfen, Bergclematis und Pfeifenwinde bringen Schatten, Farben und ansprechende Formen in den Spielraum.

Gut bewährt haben sich winterharte Bambusstauden, die im Verlauf der Jahre eine stattliche Höhe (2 m – 3 m) und Breite (bis zu 1 m) erreichen können. Die Bambusstauden können in der Sandgrube bzw. am Rand des elementaren Spielbereichs gepflanzt werden. Sie sollten bei der Pflanzung ca. 1 m hoch sein, damit sie von den Kindern im Spieleifer nicht überrannt werden.

Insoweit die Sandgrube und die eventuell angrenzenden Lehm- und Steingruben mit Weidenpalisaden eingefaßt sind, können diese durch Rückschnitt oder gezielte Verflechtungen und Bindemaßnahmen zu hecken- und pergolenartigen Begrenzungen und Bedachungen weiterentwickelt werden.

Vom Wasser haben wir's gelernt

Das Wort Wasser läßt einen Gedankenstrom quillen, dem klare, schillernde, trübe Wasserbilder, glucksende, tosende, stille Wasserstimmen entsteigen. Das Wasser wandelt in vielen Gestalten durch die Tages- und Jahreszeiten. Im Wasser und am Wasser leben Pflanzen, Menschen und Tiere. Quellen, Brunnen, Bäche, Ströme und Meere gelten noch heute in einigen Kulturen als heilige Kräfte, die das Leben spendeten und erhielten.

In der gegenwärtigen gesellschaftlichen Situation ist das Wasser zum Brauch- und Kühlwasser degradiert worden. Eltern und PädagogInnen sollten sich dieser gesellschaftlichen Vernutzung und Vergiftung des Wassers bewußt werden, wenn sie die Wasserspiele der Kinder unter dem Aspekt der Wasservergeudung bewerten und beschränken.

So wenig wie das „Wassersparen" sollte auch die „Ehrfurcht" vor dem Wasser nicht das Lernziel der pädagogisch eröffneten Wasserspiele sein. Denn aus der Sicht der Kinder ist das Lebenselement Wasser zutiefst ein, wenn nicht *das* Spielelement.

Die Entwässerung der Stadtlandschaften und Landregionen hat das Wasser in Rohre und Betonschalen gezwängt und es den Spielräumen der Kinder weitgehend entzogen. Selbst auf den offiziell angelegten Spielplätzen ist es rar und darf sich lediglich als chemisch aufbereitetes Trinkwasser aus Wasserpumpen ergießen.

Das Versiegen des Wassers in dem Nahbereich der kindlichen Lebenswelt kann durch die Anlage von Pfützen, Wasserstellen und Matschgruben nicht kompensiert werden. Der verhaltenspsychologische Hinweis jedoch, daß Kinder sich an veränderte Lebens- und Spielräume gewöhnen – „wer noch nie in einem sauberen Bach gebadet hat, verspürt auch kein Bedürfnis danach" – ist aus der Sicht der heutigen Kinder blanker Zynismus. Für die Kinder ist das Wasser als Spielelement ein zentrales Element und Mittel ihrer persönlichen Entwicklung.

Auf diesem Hintergrund greift die Anlage von Feuchtbiotopen in Kindergärten und Schulen zu kurz. Die bloße Beobachtung der Teiche blendet den handgreiflichen und sinnlich-genußvollen Umgang mit dem Element Wasser aus. Der Durst des Kindes nach Wasserspielen ist vielmehr zu stillen, indem ihm ein alltäglicher, unspektakulärer Zugang zum Element Wasser in seinen Lebensumwelten eröffnet wird. Hierbei ist es sinnvoll unterschiedliche Zugänge zum Wasser zu ermöglichen.

Das Aufstellen einer Regentonne am Fallrohr der Dachrinne, die Anlage von Wasserpfützen und Wassergräben im Spielgelände betten die Wasserspiele in den Rhythmus der Jahreszeiten ein, sensibilisieren für die Herkunft des Wassers, bevor es im Wasserhahn und in der Badewanne ankommt. Die auf einem kleinen Sockel aufgestellte, mit einem Wasserhahn ausgestattete Regentonne lädt die Kinder ein, selbsttätig die Pflanzen in Tischbeeten und Töpfen zu gießen, für das Wohlergehen dieser Mitgeschöpfe zu sorgen. Dieser Akt des Tränkens ist eine elementare Geste der Zuneigung und spontanen Fürsorge, die das Kind für die Pflanzen als Mit-Lebewesen aufbringt. Der Wert dieses kindlichen Einfühlens in die Situation der durstigen Pflanzen wird nicht geringer durch die Tatsache, daß die kindliche Sorge für die durstigen Pflanzen am nächsten Tag vom Interesse an anderen Wasserspielen überschwemmt wird. Das Verhalten und die Aktionen der Kinder sind an Situationen und Augenblicke gebunden und nicht mit dem absichtsvollen bzw. verantwortungsvollen Handeln der Erwachsenen zu verwechseln.

Die vorangehend skizzierte Wasserstelle bietet den Kindern das Wasser als ruhend-beruhigendes Spielelement an. Die Kinder können Rindenboote, Papierschiffe, Badewannenfische und -enten schwimmen lassen; imaginäre Fische und Seeungeheuer können mit selbstgebauten Angeln herausgefischt werden. Im Winter wird das Eis zunächst herausgehoben und verteilt, dann betreten und als Rutschbahn genutzt.

Die Bedeutung des Matschens für die kindliche Entwicklung läßt sich aus einem Gedankengang Hans Zulligers, des großen schweizerischen Kindertherapeuten und Pädagogen erschließen: „Je primitiver ein Spielzeug ist, desto dienlicher ist es. Das Spielzeug soll der schöpferischen Phantasie der Kinder so wenig wie möglich Grenzen setzen. Es sollte fast nur rohes Material oder Werkstoff und Werkzeug sein, das der kindlichen Gestaltungskraft die weitesten Freiheiten und Möglichkeiten offenläßt." (Zulliger 1990, S. 74)

Erde, Sand, Lehm, Steine und Wasser sind Spielzeuge, die offen sind für unzählige Formen, Gestalten und Spielweisen. Ihre Beschaffenheit legt das Spielverhalten nicht fest, sondern provoziert eine Fülle von handgreiflichen Spielaktionen und schöpferisch-phantasievollen Verwandlungen. Die Kieselsteine bleiben im Spiel nicht einfache Kieselsteine, sondern sie werden zu Äpfeln, Broten und Goldtalern. Das freie, selbsttätige Spiel mit den elementaren Materialien folgt nicht vorgegebenen Schablonen und Bauanleitungen, sondern die Kinder schöpfen selbst aus den Elementen Wasser und Erde ihre Gestalten und „Spielzeuge".

Werden die Wasser-spiele aus dieser Perspektive betrachtet, dann wird deutlich, daß die Wörter „Matschstelle" oder „Wasserbaustelle" kaum etwas darüber aussagen, was das gestalterische und soziale Spiel mit den Elementen für das Kind bedeutet. Die Gestaltung von Spiellandschaften, die Konstruktion komplexer Wasserleitungen und Kanäle, das Kochen mit Wasser, Lehm und Blättern, das Formen von Fabelwesen und Menschengestalten sind Spiele, in denen Kinder tagtäglich ihre Sicht der Dinge, ihr Erleben von Dingen und Ereignissen, ihre Beziehung zu ihrer Welt ausdrücken und gestalten. Im elementaren Spiel mit Wasser, Sand, Lehm und Pflanzenteilen stellen die Kinder keine Produkte her, sondern sie stellen sich selbst, d.h. ihre Beziehung zu den Vorgängen, Dingen und Personen ihrer Lebenswelt dar.

In vielen Fällen werten Eltern und PädagogInnen das elementare Spielen ihrer Kinder als „Dreckmacherei" ab. Während der Umgang mit Knete und Plastilin im Haus geduldet wird, wird der Umgang mit Erde und Wasser durch den Hinweis „Mach dich nicht schmutzig!" blockiert. Im Interesse der Kinder ist hier ein elementares Umdenken angesagt. So sollte auch das Bedürfnis der Kinder, mit Sand, Lehm und Wasser zu verschmelzen, nicht nur in Urlaubstagen am Meeresstrand befriedigt werden. Auch im Alltag, in der warmen Jahreszeit, sollte das Suhlen in Sand- und Lehmgruben nicht mit „Ih gitt, Ih gitt" kommentiert werden. Mit einem Wasserschlauch läßt sich unter dem Juchzen der Kinder die Lehmhaut wieder abspülen.

Von Höhen und Tiefen

Die äußere Gestalt vieler öffentlicher Spielplätze und pädagogischer Spielgelände trifft die Formel: „Quadratisch, pragmatisch, flach". Oft sind es nur die Spielgeräte, die die vertikale Dimension des Spielraums signalisieren. Eine Gliederung des Spielraums durch Pergolen, Hecken, lebende Zäune, Wälle und Gräben ist oft nur ansatzweise realisiert. Wurde ein Spielhügel aufgeschüttet, dann ragt er meist als abgelatschte Kuppe aus dem Spielgelände hervor.

In Naturspielräumen ist die Modellierung der Spielfläche von grundlegender Bedeutung: bei Neuanlagen kann sie im Vorfeld aller weiteren Gestaltungen großzügig ausgeführt werden; bei Umgestaltungen konventioneller Gelände gibt es eine Fülle kleinerer und größerer Maßnahmen, die Höhen- und Tiefendimensionen des Spielgeländes zu erweitern.

Der Wall

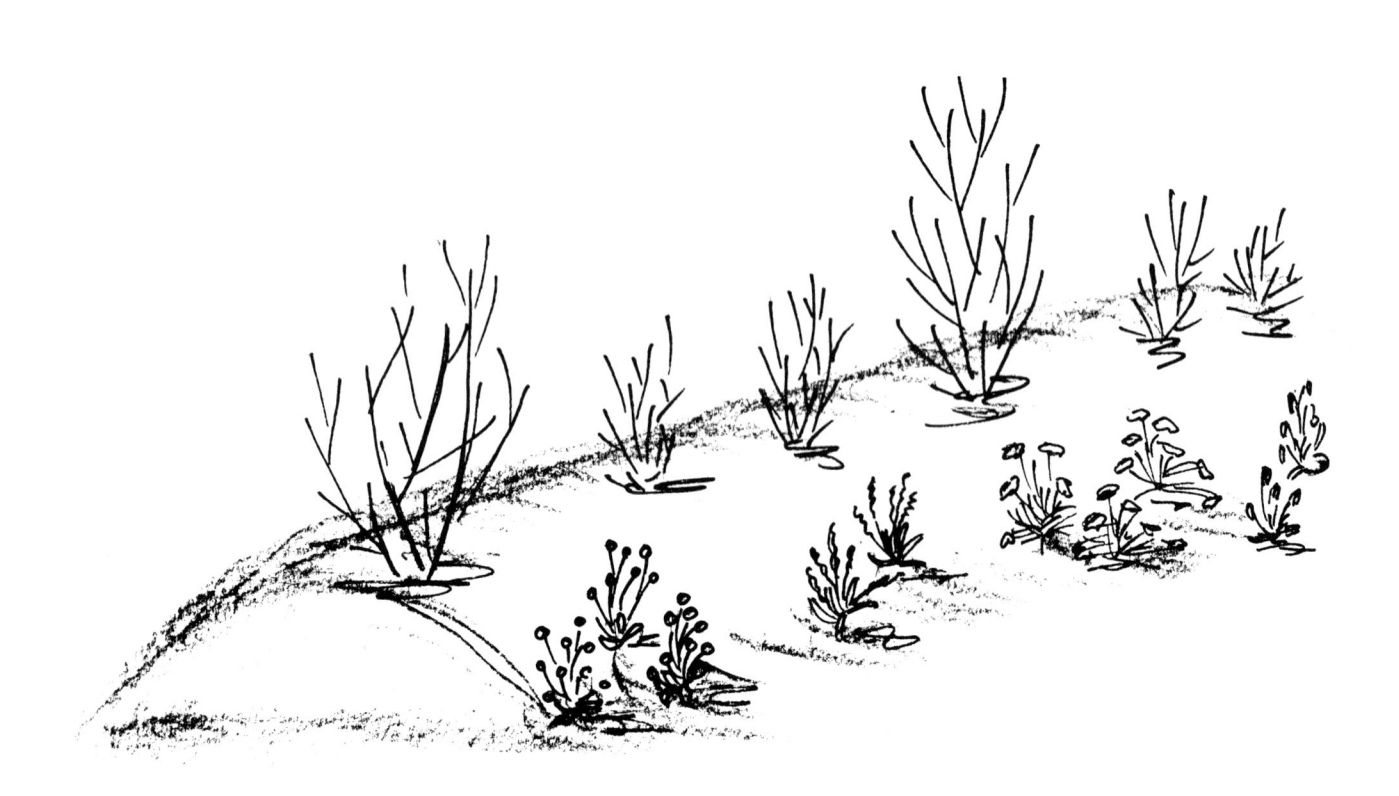

Die Aufschüttung eines Walls vergrößert die gestaltbare Oberfläche des Spielgeländes und wirkt sich ökologisch und ästhetisch vorteilhaft aus. Die Begrenzung des Spielgeländes sollte – besonders in verkehrsreichen oder zugigen Lagen – zumindest teilweise mit einem bepflanzten Wall gestaltet werden. Die Höhe und Breite des Walls sind oft von der Menge des verfügbaren Erdmaterials abhängig. Als Faustregel gilt: bei Erdknappheit ist ein 50 cm hoher und 1m (Fuß) / 50 cm (Kopf) breiter Wall schon eine effektive Raumgrenze; ist mehr Füllmaterial vorhanden, dann können durchaus Wälle bis zu 1m Höhe und 1,50 m Fußbreite (Kopf 70 cm) modelliert werden.

Entscheidend für die ökologische, ästhetische und spielpraktische Wirkung des Walls ist die Bepflanzung seiner Böschungen und seines Kopfes. Verläuft der Wall beispielsweise an der Nordseite des Geländes dann bildet seine nördliche Seite einen kleinen „Nordhang", seine südliche Flanke einen kleinen „Südhang". Entsprechend dieser Lage sollten an der Südseite Blüten- und Beerensträucher gepflanzt werden, während an der Nordseite eher robustere Sträucher wie Weiden, Holunder, Haselnuß, Feldahorn, Falscher Jasmin, Hartriegel u.a. wachsen können. Auf dem Kopf des Walls können je nach dem zur Verfügung stehenden Platz in einem Abstand von ca. 5 m sogenannte Leitpflanzen wie Eberesche, Blutpflaume, Zierapfel, Hainbuche, Erle u.a. stehen. Sie erhöhen die ästhetische und ökologische Wirkung des Walls.

Im Gelände selbst kann ein Wall einen Spielbereich markieren. Die Erde kann angefahren werden oder an Ort und Stelle ausgehoben werden.

Der Graben

Ein ca. 50 cm tiefer und ca. 80 cm breiter Graben kann als ein „Wassergraben" ein Spielhaus umschließen. Ein Steg aus Holzstämmen oder 4 cm dicken Dielenbrettern führt dann über den Graben zum Spielhaus. Der Aushub wird außenseitig aufgeworfen. Am äußeren Grabenrand werden im Abstand von ca. 25 cm angespitzte Weidenstäbe (5 cm bis 10 cm dick) ca. 40 cm tief eingeschlagen. Je nach der Bodenbeschaffenheit sollten die Setzlöcher mit einer Eisenstange vorbereitet werden. Die Weidenstäbe ragen ca. 50 cm über den Grabenrand und werden ca. 40 cm mit Weidenruten oder anderem Astmaterial aus- geflochten. Jetzt kann die Erde an die Flechtwand angeworfen und nach außen hin leicht abgeflacht werden. Die Weidenstäbe werden anwachsen und das Spielhaus und den Graben abschirmen. Der Wall selbst kann mit Stauden und kleineren Sträuchern und Beerenobst bepflanzt werden. Wenn die Aushuberde anderweitig gebraucht wird (zum Auffüllen eines Tischbeetes) dann kann der Graben mit einem Weidentunnel überspannt werden. Die Grabenränder werden leicht abgeflacht und die Weidenbögen so hoch über den Graben gespannt, daß die Kinder aufrecht unter ihnen laufen können.

Die Spielgrube

Wer das Spiel der Kinder im Gelände beobachtet, wird erfahren, daß Gräben, Löcher und Gruben Kinder magisch anziehen und von ihnen bevorzugt bespielt werden. Die Löcher und Gruben locken gleichermaßen zum Graben, Hineinspringen, Verstecken und sozialen Spiel.

Eine Spielgrube sollte einen Durchmesser von 2 m bis 3 m aufweisen. In einem größeren Gelände kann sie entsprechend größer sein. Der Grubenrand sollte unregelmäßig verlaufen, runde Formen werden bevorzugt. Mit Sand wird der Umfang der Spielgrube markiert. Die Grube kann mit unbehandelten Rundhölzern (geschälte Fichte/Douglasie/Lärche/Robinie) oder mit ausgeflochtenen Weidenstäben eingefaßt werden.

In beiden Fällen sollte der Erdaushub außen an die Begrenzung angeschüttet werden, um so den Grubenrand in das Spielgelände zu integrieren. Der Grubeneingang wird leicht abgeflacht, so daß auch kleinere Kinder die Grube betreten können.

Die Rundhölzer sollten etwa 10 cm bis 12 cm dick und 80 cm lang sein; die Weidenstäbe sollten ca. 5 cm bis 10 cm dick und 80 cm lang sein und am unteren Ende angespitzt werden. Zum Setzen der Rundhölzer/Weiden wird ein 50 cm tiefer und spatenbreiter Setzgraben ausgehoben. Werden Rundhölzer gesetzt, dann wird in den 40 cm tiefen Setzgraben eine 10 cm starke Schicht aus Schotter/Kies eingefüllt. In diese grobe Füllschicht kann das Wasser einsickern, so daß die Rundhölzer am Fuß vor Staunässe geschützt sind. Der Setzgraben wird in drei Schichten aufgefüllt, wobei die Füllerde mit Rundhölzern jeweils kräftig um die Rundhölzer angestampft wird.

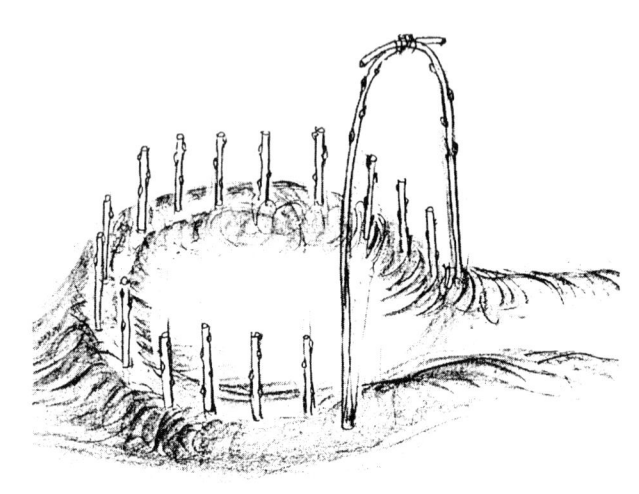

den Baumscheiben, Stöckchen, Holzreste, Dosen, Töpfe, alte Kuchenbleche und ähnlich robuste Spielzeuge sollten das Spiel in der Baugrube anregen. Ist das Spielgelände sehr verdichtet, dann wird die Grube in ihrem mittleren Bereich ca. 70 cm tief ausgehoben und mit einer 30 cm dicken Schicht aus Schotter oder Kieselsteinen aufgefüllt. Erst jetzt können die Spielmaterialien eingefüllt werden.

Soll die Grube als *Sprung*- oder *Balanciergrube* dienen, dann wird zunächst eine ca. 20 cm dicke Sandschicht eingefüllt. Der Sand wird ca. 15 cm hoch mit Holzhäcksel abgedeckt.

Wenn die Grube mit *Naturmaterialien* wie Tannenzapfen, Eicheln, Kastanien, Stroh, Heu oder Herbstlaub gefüllt werden soll, dann wird der Boden lediglich mit einer 15 cm dicken Schicht Holzhäcksel oder Rindenmulch abgedeckt.

Die atmosphärische Wirkung der Spielgrube wird durch eine gezielte Bepflanzung verstärkt. Eine „Versteckgrube" gewinnt durch Wildsträucher einen dunkleren, abenteuerlichen Flair. Eine

Werden Weidenstäbe verwandt, so wird ein ca. spatentiefer und -breiter Setzgraben ausgehoben. Die Weidenstäbe werden im Abstand von ca. 25 cm so tief in den Setzgraben eingeschlagen, daß sie diesen um ca. 40 cm überragen. Der Setzgraben wird schichtenweise aufgefüllt und festgestampft. Abschließend werden die Weidenstäbe mit Weidenruten oder anderen Astmaterialien ausgeflochten.

Ist die Begrenzung gesetzt, dann kann die Grube mit Spaten und Kreuzhacke ausgehoben werden. Entlang der Begrenzung bleibt ein ca. 20 cm breiter Rand stehen, der nach innen hin schräg abgeflacht wird. Die Grube sollte nicht tiefer als 60 cm ausgehoben werden.

Die Spielgrube kann unterschielich genutzt werden und ist dementsprechend in ihrem Bodenbelag und ihrer Füllung zu gestalten.

Wird die Grube als *Baugrube* genutzt, dann kann der Sand normalerweise direkt in die ausgehobene Spielgrube gefüllt werden. Kies, Kieselsteine und Lehm können ebenfalls ohne zusätzliche Abdeckung des Grubengrundes eingefüllt wer-

farbenfrohe, heitere Spielgrube läßt sich mit Blütensträuchern gestalten. Schmetterlingsstrauch, Ranunkelstrauch, Falscher Jasmin, Flieder, Deutzie, Hibiscus, Zaubernuß u.a. schaffen eine belebende, freundliche Atmosphäre. Eine heckenartige Bepflanzung des Grubenrandes mit Hainbuchen, Haselnüssen, Feldahorn u.a. macht aus der Spielgrube eine Grotte, deren grüne Wände im Verlauf der Jahre in der Höhe zu einem Dach ineinandergebogen werden können. Das Herunterbiegen und -binden der Sträu-

cher (Nov. – Feb.) bewirkt einen starken Neuaustrieb. Bereits im ersten auf das Herunterbinden folgende Vegetationsjahr wird die Grube von einem dichten Blätterdach überwölbt.

Eine kleine Spiellandschaft entsteht, wenn zwei größere und ein bis zwei kleinere Gruben miteinander verbunden werden. Mit dem Aushub können zwei Erdhaufen aufgeschüttet werden, die das Hügelland der sieben Zwerge assoziieren lassen.

Der Spielhügel

Der Spielhügel gehört zu den Basiselementen eines Naturspielraums. Er ist weder durch Klettergerüste noch durch hölzerne Spielburgen zu ersetzen. Die Anlage eines Spielhügels kann sich im Aufbringen von 40 cbm Füllmaterial (Bauschutt, Kies, Erdaushub, Mutterboden) erschöpfen. Die Kinder werden den großen Erdhaufen festtrampeln, ihn mit Lastauto und Dreirad befahren und immer wieder auf ihm auf und ab laufen.

Die folgenden Hinweise wollen die raumgestaltenden, motorischen, ästhetischen und ökologischen Dimensionen einer naturnahen Hügelgestaltung aufzeigen und praktische Bauanleitungen geben.

Entscheidung über die Position:
Die Entscheidung über die Position des Hügels betrifft immer auch alle möglichen Funktionen des Spielhügels und sollte erst nach Abwägen der folgenden Gesichtspunkte getroffen werden:

- Liegt der Spielhügel mitten im Gelände, dann wird die Raumaufteilung des Spielgeländes sehr eingeschränkt. Der Hügel dominiert dann die übrigen Spielelemente und blockiert andere sinnvolle Gestaltungsansätze.
- Für eine stärker randbezogene Lage des Spielhügels lassen sich gute Gründe finden: der Hügel kann das Spielgelände zum Nachbargrundstück (Wohnsiedlung, Straße, Gehweg) begrenzen und so eventuelle Störungen durch starke Bewegungen mildern, neugierige Blicke blocken (das Präsentierteller-Syndrom reduzieren), Wind- und Sonnenschutz geben. Eine eher randständige Lage des Spielhügels verstärkt als vertikale Begrenzung den Raumcharakter des Spielgeländes.
- Weist das Spielgelände bereits ein durch seine natürliche Lage oder vorhergehende Modellierungen ein Gefälle auf, dann sollte der Spielhügel nicht am tiefsten Punkt des Geländes angelegt werden. Diese Plazierung wirkt willkürlich und beschränkt den Ablauf der Kinder.

Der Aufbau

Der in der folgenden Skizze gezeigte Aufbau des Hügels geht von einem 6 m x 6 m großen Grundriß aus. In einem kleineren Gelände kann der Grundriß auch etwas kleiner ausfallen. Wird der Hügel einer Ecke des Spielgeländes zugeordnet, dann sollte der Abstand zwischen der Geländegrenze und dem Fuß des Hügels ca. 1,50 m bis 2 m betragen. Der Hügel sollte nicht als gleichförmiger Kegel aufgeschüttet werden, sondern eher als ein oben abgeflachter, in das Spielgelände hin leicht abfallender Hang modelliert werden. Der „Rücken" (die zur Grenze gewandte Seite) des Hügels und zwei Seiten bilden steilere Kletterhänge, während die in den Spielraum abfallende Seite eine längere Laufbahn bildet. Wenn das Plateau des Hügels ca. 2 m hoch liegt, dann ergeben sich bereits interessante Lauf- Kletter- und Rutschmöglichkeiten.

Eine Variante zu dem Grundmodell des Spielhügels wird erreicht, wenn zwei Hügelseiten wallartig entlang der Geländegrenze verlaufen. Können zwei Hügel aufgeschüttet werden, dann ist es sinnvoll einen höheren und einen niedrigeren Hügel aufzuschütten. Die „Schlucht" zwischen den beiden Hügeln kann mit Baumstämmen oder einer Hängebrücke überbrückt werden.

Die motorischen Dimensionen

Die motorischen Dimensionen eines Spielhügels können durch Pfade, Treppen und Aufbauten erweitert und intensiviert werden. So findet die Rutsche am Hügel ihren passenden Platz. Sie soll mit dem eventuell vorhandenen natürlichen Gefälle des Spielgeländes den Hang hinunterführen. Eine Rundholz- oder Weidenpergola mildert die Erhitzung der Rutsche an den heißen Sommertagen.

Am Plateaurand einer steileren Hügelseite kann ein starker Baumstamm (Palisade) eingesetzt werden, an dem ein dickes Klettertau befestigt werden kann. Die Kinder können sich daran am Hang hinaufhangeln und abseilen. Parallel zur Rutsche kann eine Steintreppe aus unregelmäßigen Bruchsteinen auf den Hügel hinaufführen. Ein Schleichpfad kann am steileren Abhang schräg ansteigen und auf das Plateau führen. Der ca. 30 cm breite Pfad wird am Hang abgegraben. Die so entstandene kleine Böschung wird mit Weidenstäben abgefangen. Diese werden leicht angespitzt und mit einem schweren Hammer im Abstand von 25 cm etwa 30 cm tief eingeschlagen. Die Weidenstäbe sollten den kleinen Böschungsrand ca. 5 cm bis 10 cm überragen. Damit die angegrabene Erde nicht durch einen Regenguß abgeschwemmt wird, werden Weidenruten oder andere Zweige eingeflochten. Am Fuß des Spielhügels kann eine Seilbahn starten, die ca. 25 m lang am Rand des Geländes verläuft. Auf diese Weise wird der Spielraum nicht durchschnitten, der Lauf der Seilbahn kreuzt keine Wege zu den übrigen Spielelementen. Die Position am Fuß des Spielhügels macht ein Startpodest für die Seilbahn überflüssig.

Das Höhegefühl und der Überblick werden durch einen Aussichtsturm gefördert, dessen Stempel vier Rundhölzer bilden, die 2,50 lang und 10 cm dick sind. Sie werden in einem 1 m großen Quadrat ca. 50 cm tief in die Erde gesetzt. In 1 m Höhe werden gegenseitig 2 Kanthölzer angebracht. Auf diese wird der Boden aus 4 cm dicken Dielenbrettern genagelt. Drei Seitenwände des Aussichtsturms werden mit Brettern verschalt. Die Einstiegsseite wird zu 2/3 mit Brettern verschalt. Um den Aussichtsturm vor der Verwitterung zu schützen kann ein kleines Pultdach angebracht werden. Eine robuste, am Turm fixierte Leiter führt auf den Turm hinauf.

Die Bepflanzung

Durch die Bepflanzung wird der Hügel in das Spielgelände eingebettet. Eine steilere Hügelseite kann mit robusten Sträuchern wie Feldahorn, Haselnuß, Holunder, Felsenbirne bepflanzt werden. Ebereschen, Zitterpappeln, Erlen, Salweiden, Hainbuchen, Wildäpfel, Blutpflaumen können mit den genannten Sträuchern gepflanzt werden. Durch die Bepflanzung gewinnt der Hang an Volumen und Atmosphäre. Schon nach einigen Jahren spenden die Sträucher und Bäume Schatten und brechen den Wind. Im Laufe der Zeit können die Kinder zwischen den Sträuchern und vielleicht auch schon in ihrem Geäst herumklettern.

Damit die Bäume und Sträucher am Hang anwachsen und sich entwickeln können, müssen die Kinder in den ersten beiden Standjahren Rücksicht auf die Hügelbewohner nehmen. Ein Weidenflechtzaun am oberen Plateaurand kann das betreffende Hangstück schützen und wird selbst zu einem grünen Element des Spielhügels. Wird der Hügel mit einer Rasenmischung eingesät, dann müssen die Kinder sich in der Regel einige Monate gedulden, bis sie ihn wieder bespielen können. Alternativ zur Raseneinsaat kann Rollrasen verlegt werden, der auf dem Plateau und dem flacher abfallenden Ablauf bereits nach drei Wochen betreten werden kann.

Sinnenwege

In der Frage „Wie geht es Dir?" ist eine alte Erinnerung aus der Vor-Auto-Zeit aufbewahrt. Das „Wohl-er-Gehen" der Menschen ereignet sich buchstäblich im Gehen; es wird von den Füßen in tastenden, stampfenden, schwingenden Bewegungen bewirkt. In der ganzheitlichen Medizin hat die Fußsohlenreflexmassage dieses Wissen um das Zusammenspiel der Füße und der Organe des Menschen zu einem aktivierenden Heilverfahren entwickelt. Ihre Wirkung beruht auf einem Nervensystem, das durch ein Netz von Reizpunkten auf der Fußsohle den Fuß mit den inneren Organen verbindet. Drücken wir mit dem Daumen massierend auf diese Punkte, dann werden die entsprechenden inneren Organe in ihrer Entwicklung und Funktion gefördert bzw. heilend beeinflußt.

Das exzessive Barfuß-Laufen der Kleinkinder signalisiert ein Wohlbefinden und ein Bedürfnis zugleich. Bei den Erwachsenen sollte das intuitive Barfuß-Gehen der Kinder nicht ständige Warnungen vor drohenden Erkältungen provozieren, sondern zum Nachsinnen über die Bodenbeläge zu Hause, in der Kindertagesstätte, im Schulbereich, auf Spielplätzen und anderswo motivieren. Die Bitumenhöfe, Betonplatten, PVC-Böden, Kunststoffbahnen und -platten sind stumpf und hart. Die Füße können nicht mehr in das Profil des Bodens ein- und ausgreifen; sie hinterlassen keine Spuren und erfahren auch keine differenzierenden Ab-Drücke vom Boden her. Die Stimulierung der Organe durch die Fußsohlen bleibt aus.

Die Anlage eines Sinnenweges im Spielgelände ist keine kompensatorische Fußsohlen-Initiative: dafür sind die Beton- und Bitumendecken zu weit verbreitet. Sie öffnet jedoch den Kindern Lauf-, Geh- und Spielwege, die ein vitaleres Er-Gehen ermöglichen und das Wohl-er-Gehen von Fuß auf fördern.

Der provisorische Sinnenweg

Die Anlage eines Sinnenweges im Außengelände kann in vielfältigen Formen geschehen und unterschiedliche Akzente setzen. Gemeinsam ist allen Wegvarianten die Intention, den Füßen der Kinder unterschiedliche Naturbeläge zu bieten, um so intensive Geh-Erlebnisse zu ermöglichen.

Die einfachste Form des Sinnenweges kann in einem Spielprojekt im Verlauf einer Stunde erstellt werden. Ein kleiner Teil der Kinder markiert mit Zweigen, Ästen oder Sand einen ca. 50 cm breiten Weg, der in ca. 50 cm lange Felder unterteilt wird. Parallel zu dieser Wegmarkierung sammeln andere Kinder in Gruppen unterschiedliche Naturmaterialien wie Steine, Erde, Sand, Gras, Laub, Zweige und andere im Gelände vorhandene Materialien. In einem dritten Schritt werden die Felder mit den Materialien ausgelegt, wobei mehrere Felder im Wegverlauf mit dem gleichen Material ausgelegt werden können.

Die Kinder können nun im freien Spiel den Sinnenweg begehen sowie unter Anleitung von Erwachsenen spielerisch den Weg und seine Wirkungen auf die Füße erkunden. Zunächst sollten die Kinder den Weg mit offenen Augen begehen und die einzelnen Materialien der Felder sorgfältig mit den Füßen ertasten.
Nachdem die Kinder den Weg mehrmals durchschritten haben, können sie in einer Spielpause ihre Gefühle und Eindrücke mit den Erwachsenen austauschen.
In einem zweiten Gang kann das Erleben der Kinder durch eine Verfremdung ihrer Wahrnehmung intensiviert werden. Die Augen der Kinder werden mit Tüchern verbunden und die Kinder stellen sich in einer Reihe hintereinander auf. Sie legen dabei ihre Hände jeweils auf die Schultern des vorangehenden Kindes. Eine sehende Person führt die Gruppe auf dem Sinnenweg. Die „blinde Karawane" zieht mehrmals durch die Sinnenfelder. Die Erwachsenen

animieren die Kinder, die Felder sorgfältig zu ertasten.

In einer weiteren Spielvariation geht ein Kind alleine mit verbundenen Augen auf dem Sinnenweg. Es soll die einzelnen Felder ertasten und die Beläge bestimmen. Wenn erforderlich, darf es die Beläge auch mit den Händen erspüren. Hier bieten sich vielfältige Differenzierungen an: Felder können mit Wollresten belegt oder mit einem Schaffell bedeckt werden; eine Mulde kann mit Wasser oder Schlamm gefüllt werden; Moos, Gras, Heu und Stroh können aufeinander folgen; Erbsen, Linsen, Bohnen, Kastanien und Eicheln können Rollfelder bilden, die Balanciergeschick und Spürsinn gleichzeitig fördern.

Der Sinnenweg als Spielraum

Die Erfahrungen mit dem provisorischen Sinnenweg können dazu motivieren, den Kindern einen beständigen Sinnenweg als gezielt gestalteten Spielraum zu schaffen. Dieser sollte nicht willkürlich im Gelände verlaufen, sondern kann entlang einer Mauer, einem Zaun, einer Hauswand als ein belebender, laubenartiger Gang geführt werden. Der Sinnenweg kann zu einem Spielraum führen oder zwei Spielbereiche miteinander verbinden. Er sollte nicht als starre Gerade angelegt werden, sondern in geschwungener, unregelmäßiger Form ästhetisch ansprechend verlaufen. Entsprechend den räumlichen Verhältnissen kann der Weg als schmaler Pfad oder ca. 1 m – 1,5 m breiter Weg geführt wer-

den. Die Begrenzung des Weges sollte eine besondere atmosphärische Stimmung schaffen. In der Gestaltung bieten sich mehrere Varianten an, die auch miteinander kombiniert werden können:

- Ausgewählte Pflanzen werden an Drähten oder einem Flechtzaun entlang als Spalier oder Hekke gezogen; folgende Pflanzen können den Sinnenweg begrenzen: Johannisbeeren und Josta, Schmetterlingsflieder, dornenlose Brombeeren, Flecht- und Bindeweiden.
- Gerüste aus Rundhölzern (H = 1,30m) können mit Schlingpflanzen berankt werden. Knöterich, Hopfen und Geißblattt schaffen bunte und dichte Wegbegrenzungen, die mit Hilfe gebogener Haselnußstangen den Weg tunnelartig überranken können.

- Zwei parallel verlaufende Weidenzäune (s.o. S. 37) (H = 1 m) können die Materialfelder begrenzen. Die Weidenstäbe treiben Ruten, die bogenartig ineinander verflochten werden können. Im Verlauf der Jahre kann der Sinnenweg sich zu einem kleinen Gebüschstreifen entwickeln, der die „Bodenschätze" versteckt und die Kinder zum Verweilen und zur Schatzsuche einlädt.

Die Gestaltung des Sinnenweges kann in Etappen realisiert werden. Die Begrenzung und die Felder bilden den Rahmen, der in mehreren Schritten ausgefüllt werden kann. Die Sinnesdimensionen des Weges können durch eine Spielecke, eine Kräuterpassage, Balancierbalken, Tastkästen, ein Holzxylophon, einen Gong u.a. Elemente erweitert werden.

Werkstatt „Naturspielraum"

Naturspielräume können in vielfältigen Größen und Formen angelegt werden: als kleinere Spielelemente, die in Gärten, Grünflächen und Spielplätzen integriert werden können oder als größere Spielorte, die das Außengelände einer pädagogischen Einrichtung, einen öffentlichen Spielplatz oder die Grünflächen zwischen Wohnsiedlungen umfassen.

Die Planung, Anlage und Pflege dieser Naturspielräume unterscheiden sich in grundlegenden Aspekten von der Entwicklung und dem Aufbau konventioneller Spielplätze. Die AkteurInnen, die eine kindgemäße Um- oder Neugestaltung der Spielflächen im Sinne eines Naturspielraums anstreben, finden in den folgenden Kapiteln Planungs- und Praxishilfen, die die Erfahrungen zahlreicher Werkstätten in ländlichen und städtischen Regionen weitergeben möchten.

Konzept und Planung

Eltern, die im nahen Wohnumfeld einen Naturspielraum bauen wollen, PädagogInnen, die das Außengelände ihrer Einrichtung als Spiel- und Erlebnisraum umgestalten möchten, müssen in der Regel ihre Aktionen gegenüber Amtspersonen, öffentlichen Einrichtungen, Nachbarn, KollegInnen, anderen MitbürgerInnen und Eltern begründen und verantworten.

Bevor das Projekt „Naturspielraum" nach außen hin vertreten wird, sollten die AkteurInnen ihre persönlichen und sachlichen Motive für den Bau kindgemäßer Naturspielräume austauschen. Das anvisierte Spielraum-Projekt sollte keine kurzatmige Öko-Aktion sein, sondern den Kindern entwicklungspsychologisch und pädagogisch sinnvolle Spiel- und Erlebnisräume eröffnen. Die Diskussion in der Elterninitiative oder im pädagogischen Team zum Pro und Contra der Naturspielräume könnte von den pädagogischen Kommentaren des Arbeitsbuches ausgehen und eigene Positionen klären und profilieren. Der Austausch eigener Spiel- und Naturerfahrungen veranschaulicht die eher abstrakten pädagogischen Überlegungen zum Sinn der Naturspielräume.

Je stärker neue gestalterische Akzente gesetzt werden, desto nachhaltiger werden auch Anfragen an das neue Spielplatzkonzept provoziert. Die kritischen Einwände entspringen Vorurteilen und Ängsten, die nicht pauschal abgewertet werden sollten, sondern auf ihren jeweiligen sachlichen und persönlichen Hintergrund hin befragt werden müssen. Die Einwände und Bedenken konzentrieren sich zumeist auf folgende Fragen:

✪ Ist die Sicherheit der Kinder durch die naturnahen Gestaltungselemente gefährdet bzw. werden die Natur- und Spielelemente von den betreffenden Behörden und Versicherungsverbänden genehmigt?

Die im Arbeitsbuch beschriebenen Elemente stellen keine besonderen Gefahrenzonen für die Kinder dar. Sie wurden zwischenzeitlich von MitarbeiterInnen der Gemeindeunfallverbände und Heimaufsicht in mehreren Bundesländern begutachtet und für pädagogisch sinn- und wertvoll befunden.

✪ Welche Baukosten und Folgekosten kommen auf die Träger der Naturspielräume zu?

Besonders VertreterInnen der Kommunen bzw. der Träger der pädagogischen Einrichtungen wollen verbindliche Auskünfte zu den Baukosten und Folgekosten der geplanten Naturspielräume. Die Baukosten liegen in der Regel deutlich unter den Kosten, die mit der Anlage konventioneller Spielplätze verbunden sind. Die Unterhaltungskosten werden in der Regel durch die Eigeninitiative der Kinder, Eltern und PädagogInnen stark reduziert. Denn die Werkstatt „Naturspielraum" ist mit der Anlage des kindgemäßen Spielraums nicht abgeschlossen. Die Pflege und Weiterentwicklung der Natur- und Spielelemente liegt vielmehr grundsätzlich in den Händen der AkteurInnen, die den Spielraum nutzen.

✪ Wuchern die Weidengebilde nicht zu stark, so daß alles in einem grünen Chaos versinkt?

Die Weidenstecklinge und Weidenstäbe können in ihrem Wuchs jederzeit durch Flecht- und Schnittmaßnahmen gebremst werden. Auch ein jährlicher Rückschnitt verunstaltet die aus Weiden errichteten Spielelemente nicht, sondern erhält ihre ästhetische Wirkung und erhöht ihre Vitalität und Stabilität.

✪ Können sich die Spielelemente der Naturspielräume angesichts des Vandalismus, der auf vielen öffentlichen Plätzen wütet, überhaupt entwickeln?

Diese Frage kann weder pauschal verneint noch bejaht werden. Die Erfahrung zeigt, daß die planerische und praktische Beteiligung der Kinder, Jugendlichen und Eltern zu einer größeren Sorge und Verantwortung für den Erhalt und die Entwicklung des Spielraums führt. Sind die Weidenelemente erst einmal angewachsen, dann trotzen sie mit ihrer Vitalität auch stärkeren Eingriffen.

✪ Sowohl PädagogInnen als auch Eltern tun sich mitunter schwer, Kindern das Spiel mit Erde, Wasser, Sand und Lehm zu erlauben. Sie verweisen auf die teure Kleidung der Kinder, die beim Bauen und Spielen in Naturspielräumen schmutzig und verschlissen wird.

Im Interesse der Kinder sollten PädagogInnen und Eltern eine dem Spiel der Kinder entsprechende „Kleiderordnung" beschließen. Sie sollte das Spiel des Kindes von Skrupeln, sich schmutzig zu machen, befreien und ein gelöstes Spielen ermöglichen.

Das pädagogische Konzept des Naturspielraums und die in ihm enthaltenen Anfragen und Provokationen sollten im Vorfeld der eigentlichen Planung diskutiert werden. In dieser konzeptionellen Phase der Werkstatt „Naturspielraum" wird die Grundlage für das weitere gemeinsame Vorgehen geschaffen.

In der nun folgenden ersten Planungsphase ermitteln die AkteurInnen, welche Elemente in den um- oder neu zu gestaltenden Spielraum integriert werden sollen.

Die Mitwirkung der Kinder und Jugendlichen sollte durch Exkursionen zu naturnah gestalteten Spielgeländen oder durch visuelle Anschauungsmaterialien (Photos, Dias, Modelle wie auf S. 44 beschrieben) animiert werden. Die Kinderbeteiligung sollte sich keinesfalls auf das verbale Erkunden ihrer „Spielplatzwünsche" beschränken. In der Regel beschreiben die Kinder in solchen Befragungen das gängige Sortiment der Gerätehersteller. Die erste Planungsphase soll möglichst phantasievoll verlaufen. Die Kinder und Erwachsenen können einzelne Elemente oder ganze Phantasie-Spiellandschaften in Holzkisten oder auf Holzplatten modellieren. Selbst in alten Suppentellern lassen sich mit Naturmaterialien kleine Spielwelten bauen, die das weitere Planen und Gestalten inspirieren.

Auf die kreative Phantasie-Planung folgt die konstruktive Real-Planung. Diese Planungsarbeit geschieht nicht am grünen Tisch, gebeugt über Lagepläne und Gerätekataloge, sondern im Spielgelände selbst. Die planerischen Überlegungen setzen bei dem *Ist-Bestand des Geländes* an:

- die Lage des Geländes (Ortslage, Straße, Hang),
- eventuell vorhandene Aufbauten, Spielgeräte, Bäume, Sträucher,
- die Formation des Geländes (Höhen, Tiefen, Ebenen, Gefälle),
- der Sonnenstand am Morgen, Mittag und Nachmittag,
- die Begrenzung des Geländes (Zaun, Hecke),
- die Beschaffenheit des Bodens (sandig, erdig, lehmig, verdichtet, Rasen/Wiese).

Die Bestandsaufnahme, die den genannten Kriterien folgt, ermittelt bereits wichtige Anhaltspunkte für die weitere Planungsarbeit. Diese betrachtet das Außengelände bzw. den Spielplatz als einen großen Spielraum, in dem unterschiedliche Spieldimensionen und -ansätze von vielen Kindern gleichzeitig realisiert werden können. In einem groben Raster lassen sich folgende *zentrale Spieldimensionen* hervorheben:

- das senso-motorische Spiel drückt das Bewegungsbedürfnis der Kinder aus
- das soziale Spiel, das in Rollenspielen besonders ausgeprägt ist
- das elementare Spielen mit Naturmaterialien
- das Bauen mit Natur- und anderen Materialien
- das spielerische Gärtnern
- das Beobachten und Erkunden von Naturphänomenen und -prozessen
- das Sich-zurück-ziehen und Sich-verstecken
- die Muße und die Stille
- das gemeinsame Essen, Trinken und Feiern

Die genannten Spieldimensionen können in vielen Gestaltungsansätzen dargeboten und eröffnet werden. Die Schwerpunkte und die konkrete Ausgestaltung des Spielraums richten sich jeweils nach dem Alter der Kinder und Jugendlichen sowie nach der Funktion des Spielplatzes als eines öffentlichen oder eines pädagogisch genutzten Geländes. Grundsätzlich gilt, daß die einzelnen Spielbereiche nicht willkürlich in dem großen Raum plaziert werden, und keine einander widersprechenden Spielanreize präsentieren. So ist es z. B. widersinnig, eine Rutsche in einen Sandbereich münden zu lassen, in denen Kinder in Muße ihre Spiellandschaften bauen können. Gegenüber der verbreiteten unmotivierten Ansammlung einzelner Spielelemente sollte eine kindgemäße Planung von Naturspielräumen den Spielort in labyrinthhaft verbundene Spielräume gliedern; diese inspirieren und fördern in vielfältiger Weise die Sinne, Bewegungen, Tätigkeiten und Phantasien der Kinder.

Das in der Planungsphase erarbeitete Konzept einer Neuanlage bzw. einer Umgestaltung eines Spielgeländes kann mit Hilfe von Skizzen oder in einem Modell veranschaulicht werden. Der Maßstab des Modells könnte 1 : 100 betragen.

Einen ersten Ansatz einer teilweisen Umgestaltung in einem konventionellen Gelände veranschaulichen die beiden folgenden Skizzen. Die erste Skizze dokumentiert die planerische und gestalterische Ausgangslage. Die Geländeecke ist lediglich der willkürlich gewählte Standort für ein Kletterdach und einen Sandkasten.

Die Planskzizze zeigt, wie der Sandkasten in mehrere elementare Spielgruben aufgelöst wurde. Diese Gruben werden durch einen Weidentunnel begrenzt, der sowohl den Spielraum gliedert als auch Sonnen-, Wind- und Sichtschutz bietet.

Naturspielräume zeichnen sich demzufolge duch die folgenden gestalterischen Merkmale aus:

✪ Die Modellierung des Spielgeländes ist von zentraler Bedeutung. Sie schafft Höhen, Tiefen, Terrassen und Ebenen und intensiviert so das Raumerleben der Kinder. Sie ersetzt sterile Kletter- und Spielgerüste und fördert die balancierende und raumergreifende Bewegung der Kinder.

✪ Die Einfriedung (Hecke, bepflanzter Wall, berankter Zaun, berankte Bretterwand oder Mauer) schützt die Kinder vor neugierigen Blicken, dem Autoverkehr, der Zugluft und markiert den räumlichen und atmospärischen Rahmen der Spielaktivitäten.

✪ Das Oberflächenwasser wird nicht generell durch Drainagen, Rohrleitungen und Betonschalen der Kanalisation zugeleitet. Offene Gräben, die in Sickerlöchern oder Feuchtzonen innerhalb des Spielgeländes münden, bilden Spielanreize und verstärken die ökologische Qualität des Spielraums.

✪ Pflanzen und Naturmaterialien schäffen Stimmungen und Atmosphären, die das Spiel der Kinder stimulieren und ihr Wohlbefinden fördern.

✪ Aus elementaren Spielmaterialien wie Erde, Sand, Lehm, Kies, Steinen, Holz und Wasser schöpfen Kinder ihre Spielzeuge und Spiellandschaften.

✪ Die reiche Integration von Pflanzen ermöglicht es den Kindern und Jugendlichen, Lebens- und Wachstumsprozesse wahrzunehmen und persönlich bedeutsame Beziehungen zu Pflanzen, Kleintieren und anderen Naturelementen zu entwickeln.

✪ Naturspielräume lassen kleinere und größere Flächen brach liegen, die von Pflanzen besiedelt und von Kindern phantasievoll bespielt werden können.

✪ Spielgeräte wie Rutsche, Schaukel, Wippe, Seilbahn oder andere Aufbauten sollten nicht willkürlich im Spielgelände installiert werden. Sie sind vielmehr unauffällig in das Spielgelände zu integrieren bzw. den jeweiligen Spielbereichen zuzuordnen.

✪ In Naturspielräumen werden nur die spielpraktisch notwendigen Flächen wie Terrassen und schmälere Wege befestigt oder gepflastert. Spielbereiche, deren Oberfläche stärker beansprucht wird (soziale Bereiche, Spielgeräte, Versammlungsplätze) werden mit Holzhäcksel oder Rindenmulch ca. 10 cm dick abgedeckt.

Öffentlichkeitsarbeit

Die Öffentlichkeitsarbeit macht das Interesse der Kinder an Spiel- und Erlebnisräumen öffentlich. Hinter dieser banalen Feststellung steht die Erfahrung, daß die Kinder in den unterschiedlichen öffentlichen Bereichen vielfach kein Sprachrohr für ihre Bedürfnisse und Anliegen finden. Den Kindern und Jugendlichen fehlt in der Regel die Lobby, die ihnen bei Verwaltungen, PolitikerInnen, PädagogInnen, Verbänden und HauseigentümerInnen Aufmerksamkeit und tatkräftige Unterstützung organisiert.

Erwachsene, die mit Kindern und Jugendlichen eine Werkstatt „Naturspielraum" initiieren, können im lokalen und regionalen Umfeld der Kinder einen personellen und organisatorischen Rahmen bilden, der sich gezielt den Spiel- und Erlebnisbedürfnissen der Kinder widmet. Im Bereich pädagogischer Einrichtungen können PädagogInnen und Eltern eine eigene Initiative zur Schulhofgestaltung gründen oder im Förderverein der Kindertagesstätte/Schule eine entsprechende Arbeitsgruppe bilden. Im nahen Wohnumfeld kann eine Elterninitiative Naturspielräume in kleinen und größeren Schritten entwickeln.

Es wäre besonders erfreulich, wenn sich im kommunalen Bereich Eltern und PädagogInnen verstärkt in die Planung und Gestaltung von Spielplätzen und Freigeländen für Kinder und Jugendliche einmischten.

Die Öffentlichkeitsarbeit der Naturspielraum-Initiativen wendet sich jeweils an unterschiedliche Instanzen und KooperationspartnerInnen.

Die Elterninitiative, die auf den Grünflächen zwischen den Wohnsiedlungen kindgemäße Spielräume schaffen möchte, tritt zunächst an den Eigentümer/die Eigentümerin des Mietshauses bzw. der Wohnsiedlung heran. Inzwischen gibt es mehrere Projekte, in denen Elterninitiativen im Rahmen sogenannter Maßnahmen zur Wohnumfeldverbesserung planerisch und gestaltend an den Frei- und Spielflächen für Kinder und Erwachsene mitgearbeitet haben. Anstatt die von den Wohnungsgesellschaften oder den Kommunen bereitgestellten Gelder in 08/15-Maßnahmen versickern zu lassen, sollten Eltern und MitbewohnerInnen die Chance zur Eigeninitiative ergreifen.

Sie finden in größeren Kommunen im Kinderbeauftragten bzw. in der Kinderanwältin Verbündete, die Arbeitskontakte zu den öffentlichen Einrichtungen wie dem Grünflächenamt, dem Bauamt, dem Umweltbeauftragten und dem Jugendamt vermitteln können. Die MitarbeiterInnen dieser Ämter können Tips und konkrete Hilfen zur Materialbeschaffung (s.u. Materialquellen) geben.

Eltern, die mit Kindern und Jugendlichen einen Spielraum naturnah gestalten wollen, werden vielerorts auch von den MitarbeiterInnen der Umweltzentren und den Mitgliedern der lokalen Umweltschutzgruppen tatkräftige unterstützt. Denn deren Arbeitsansätze zu einer ökologischen Land- und Stadtentwicklung können in den Naturspielraum-Projekten beispielhaft aufgezeigt und in ersten Schritten verwirklicht werden.

PädagogInnen und Eltern, die in Kindertagesstätten und Kindergärten konventionell gestaltete Spielgelände im Sinne eines Naturspielraums weiterentwickeln möchten, müssen sich in kommunalen, kirchlichen und freien Einrichtungen mit den RepräsentantInnen des jeweiligen Trägers auseinandersetzen.

Im Vorfeld sollte das Konzept zur Umgestaltung des Außengeländes mit der pädagogischen Fachberatung abgesprochen werden. Das positive Votum der FachberaterInnen unterstreicht die Sinnhaftigkeit des geplanten Spielraum-Projekts und hilft, die verwaltungsmäßigen Hürden zu nehmen. Im kirchlichen Bereich sollten die für den Elementarbereich und das Bauwesen zuständigen Ausschüsse informiert und überzeugt werden. In kommunalen Einrichtungen sind die gestalterischen Maßnahmen mit VertreterInnen des Jugendamtes, des Grünflächenamtes oder den für die Gestaltung und Pflege des pädagogischen Außengeländes zuständigen Ämtern abzusprechen.

Die Erfahrung zeigt, daß in kirchlichen und freien Einrichtungen die Spielraum-Initiativen schneller und unbürokratischer zum Zuge kommen. Je größer die kommunalen Verwaltungen sind, desto anonymer und mühseliger sind oftmals die Verhandlungen zur Genehmigung und Finanzierung der Umgestaltungen. In allen Fällen gilt, daß Arbeitsskizzen und Kostenvoranschläge die Grundlagen für die jeweiligen Verhandlungen bilden. Ein Modell, das die geplanten Gestaltungsschritte veranschaulicht, wirkt in allen Trägergremien wahre Überzeugungswunder. Die Exkursion zu einem kindgerecht umgestalteten Spielgelände vermittelt einen leibhaftigen Eindruck des angezielten Spielraumprojekts, der auch stärkere persönliche Barrieren und Vorbehalte abbauen kann.

Sind die internen Verwaltungshürden genommen, dann kann die für die Umsetzung des Spielraumkonzepts entscheidende breitere Öffentlichkeitsarbeit beginnen. Die PädagogInnen und der Elternrat laden nun alle interessierten Eltern zu einen Informationsabend zur Werkstatt „Naturspielraum" ein.

An diesem Abend sollten visuelle Medien wie Dias, Arbeitshilfen, Fotocollagen, Arbeitsskizzen und eventuell ein Modell der geplanten Um- oder Neugestaltung den Eltern die pädagogischen Grundzüge und gestalterischen Elemente des Projekts „Naturspielraum" vermitteln. Im Verlauf dieses Elternabends kann ein Bauausschuß aus PädagogInnen und Eltern gegründet werden, der die Realisierung des Projektes vorbereitet und leitet.

Die zahlreichen Elternabende, die der Autor bisher miterlebt hat, widerlegen nachhaltig das Vorurteil so mancher PädagogInnen, Mütter und besonders Väter engagierten sich ungern für die Belange der Kindergärten und Kindertagesstätten. Die gezielte Ansprache der Eltern und das konkrete Arbeitsangebot motivieren eine große Zahl von Eltern zu einer im Vorfeld oftmals kaum für möglich erachteten intensiven und kreativen Teilnahme.

Es ist die Aufgabe des Bauausschusses die Talente und Ressourcen in der Elternschaft zu orten und in die Werkstatt Naturspielraum zu integrieren. Oftmals können Eltern in der Material- und Werkzeugbeschaffung helfen. Sie bringen ihr handwerkliches Geschick, ihren guten Willen und ihre Kräfte in das gemeinsame Projekt ein und identifizieren sich stärker mit dem sinnenvollen Arbeitsansatz der elementarpädagogischen Einrichtung.

Die Ausführungen zur Aktivierung und Motivierung der Eltern im Elementarbereich sind auf den Schulbereich übertragbar. Auch hier können Eltern im Rahmen der Werkstatt „Naturspielraum" authentisch an der Gestaltung des Schullebens mitwirken. Die Schwerfälligkeit der Schulbürokratie verlangt von PädagogInnen, Eltern, und Kindern oftmals einen langen Atem. Ein Förderverein wirkt im schulischen Alltag als ein belebendes Organ, das besonders in den Material- und Finanzfragen unbürokratisch antworten kann. Auch im schulischen Bereich sind KooperationspartnerInnen in kommunalen Ämtern und öffentlichen Behörden zu gewinnen.

Wie ein roter Faden sollte sich die Kooperation mit der lokalen/regionalen Presse und anderen Medien durch die Öffentlichkeitsarbeit der „Werkstatt Naturspielraum" ziehen. Die breite Veröffentlichung der Spiel-, Entfaltungs- und

Lernbedürfnisse der Kinder und Jugendlichen macht die Spiel-und Lebensraum-Initiative zu einer öffentlichen Angelegenheit, die weder von politischen RepräsentantInnen noch Verwaltungsinstanzen platt blockiert werden kann.

Finanzierung

Die Frage, die in besonderer Weise von Seiten der Träger pädagogischer Einrichtungen gestellt wird, lautet: Was kostet das Ganze?
Die Beantwortung dieser Frage ist nicht mit dem Verweis auf einen Listen- oder Katalogpreis zu leisten. Die folgenden Hinweise zu den Materialkosten wollen einen ersten Anhalt für die Taxierung der Projektkosten geben.

Schalbretter:	7 - 15,– DM / qm
Rauspund:	12 - 16,– DM / qm
Dielenbretter, 4 cm dick:	20 - 30,– DM / qm
Kanthölzer, 8 x 10 cm:	3 - 5,– DM / lfm
Rundhölzer, natur, 10 cm:	2,– DM / lfm
Rundhölzer, entrindet, 6 cm:	3 - 5,– DM / lfm
Rundhölzer, entrindet 10 cm:	5 - 8,– DM / lfm
Nägel:	2 - 7,– DM / kg
1 Rolle Bitumendachpappe:	20 - 25,– DM

Schlingpflanzen:	10 - 15,– DM / Ex.
Obststräucher:	6 - 12,– DM / Ex.
Wildsträucher:	3 - 8,– DM / Ex.
Blütensträucher:	6 - 12,– DM / Ex.
Blumenstauden:	2 - 8,– DM / Ex.
Tee- und Heilkräuter:	4 - 6,– DM / Ex.
Holzhäcksel:	10 - 30,– DM / cbm
Rindenmulch:	50 - 80,– DM / cbm
Sand:	20 - 40,– DM / cbm
Kieselsteine	50 - 70,– DM / cbm
Teichfolie 1 mm stark:	10 - 14,– DM / qm

Die in der Übersicht genannten Preisspannen vermitteln einen Einblick in das gegenwärtige Preisniveau der angeführten Baumaterialien. AkteurInnen, die auf Angebote im oberen Bereich der Preisliste stoßen, sollten sich nach alternativen Bezugsquellen umschauen. Wenn möglich, sollten die gängigen Baumärkte erst aufgesucht werden, wenn keine Hersteller bzw. Filialen des Fachhandels in vertretbarer Nähe angetroffen werden.

Angesichts der drastisch zunehmenden Kürzungen der sozialen Etats werden zukünftig immer geringere Geldmittel für die Anlage und den Erhalt von Freiflächen und Spielgeländen zur Verfügung stehen. Da in der Neuanlage und Instandsetzung konventioneller Spielplätze nach wie vor große Summen investiert werden, sollte der Hinweis auf leere Kassen kritisch hinterfragt werden.

Es erscheint aus der Sicht des Autors in der Tat sinnvoll, zwischen der Finanzierung sogenannter integrierter Spielgeräte (mittlere Preislage 20.000,– DM) und der Finanzierung von Naturspielräumen zu unterscheiden. Naturspielräume kosten in der Tat bedeutend weniger als Ansammlungen von Spielgeräten, gleichwohl sind Naturspielräume nicht billig zu haben. Ihre Anlage und Weiterentwicklung setzt vielmehr das Engagement von PädagogInnen, Eltern und Kindern voraus, das nicht mit Geld zu bezahlen ist.

Auf diesem Hintergrund erscheint es geradezu peinlich, wenn Eltern und PädagogInnen besonders in kommunalen Einrichtungen um 1000,–DM Zuschuß für Baumaterialien betteln müssen, während MitarbeiterInnen städtischer Ämter ohne jegliche Rücksprache mit Eltern oder Kindern weiterhin den Spielgerätepark aus den Katalogen einschlägiger Geräteproduzenten aufrüsten.

Aus der Sicht des Autors bedarf es hier entscheidender Korrekturen in den Zuständigkeiten und finanziellen Ausstattungen der schulischen und vorschulischen Institutionen. Die Gestaltung und die Pflege der Außengelände sollte nicht länger branchenfremden Ämtern und Firmen übertragen werden, sondern finanziell und gestalterisch von den entsprechenden pädagogischen und sozialpädagogischen Ämtern und Diensten verantwortet werden. Diese der inneren Logik der pädagogisch genutzen Außengelände folgende Aufgaben- und Kompetenzzuschreibung vereinfachte und optimierte die Umwandlung der funktionalen Freiflächen in vital ansprechende Spiel- und Lebensräume.

In der Zwischenzeit sind Eltern und PädagogInnen zur schöpferischen Improvisation aufgefordert. Sie sollten im pädagogischen Bereich immer versuchen, aus den vom Träger bereitzustellenden Mitteln zur Instandhaltung des Spielgeländes einen Teil der Kosten zu decken.

In vielen Städten und Regionen werden Programme zur Dorferneuerung bzw. zur Wohnumfeldverbesserung und ökologischen Stadtentwicklung gestartet. KinderanwältInnen und MitarbeiterInnen der Jugendämter kennen die entsprechenden Programme und vermitteln die Antragsformulare und -wege.

Der ökologische Grundzug der Naturspielräume sollte in den Verhandlungen mit den Umweltämtern und Umweltverbänden herausgestellt werden.

Im nahen Wohnbereich können Gespräche mit den Wohnungsbaugesellschaften zur finanziellen Subventionierung der Spielraumgestaltung geführt werden. In vielen Fällen kann überlegt werden, ob die Kosten für den Austausch eines verschlissenen Spielgerätes nicht effektiver in Baumaterialien für die Anlage kleinerer oder größerer Natuspielraum-Elemente investiert werden. Mit den Anschaffungskosten eines 10.000,–DM teuren Klettergeräts ist eine ganze Hügellandschaft inklusive Rutsche, Berghütten, Spielmulden und Pflanzen zu finanzieren. Unbezahlbar ist in diesem Fall der Einsatz der Kinder, Eltern und PädagogInnen.

Elterninitiativen und pädagogische Einrichtungen können öffentlich zur finanziellen Unterstützung des Spielraumprojekts aufrufen. Im Rahmen des verbreiteten Öko-Sponsoring können lokale und regionale Unternehmen und Bankinstitute mit Spenden den Weg zum Naturspielraum frei machen. Die im sozialpädagogischen Bereich verbreiteten Formen der Geldbeschaffung durch Basare, Flohmärkte und Feste bedürfen keiner weiteren Kommentierung.

Organisation und Praxis

Die Realisierung der Naturspielräume steht und fällt mit den AkteurInnen, die vor Ort die Initiative ergreifen und praktische Schritte einleiten. Das Selbstbewußtsein und die Entschlossenheit der InitiatorInnen sollte sich durch Anfragen der Experten und Profis des Landschaftsbaus und der Gartengestaltung nicht erschüttern lassen. Die bisherigen Ergebnisse der professionellen Spielraumgestaltung werden in den Spielrauminitiativen allemal qualitativ überboten. Denn die Anlage der Naturspielräume zielt weder darauf, Öko- und Biolandschaften zu etablieren noch möchte sie die industrielle Fertigbauweise kopieren. Die gestalterische Praxis der Werkstatt Naturspielraum ist vielmehr als eine spielerische Aktion angelegt, die den beteiligten Personen Spaß und Gemeinsinn vermittelt.

Die Realisierung des Naturspielraums kann zu allen Jahreszeiten begonnen werden. Die Weiden-Spielelemente sollten in dem Zeitraum von Anfang November bis Anfang Mai erstellt werden. Die Weiden können auf dem Spielgelände aufbewahrt werden und je nach Bedarf in dem genannten Zeitraum verarbeitet werden. Frühling und Sommer eignen sich sich gut zur Geländemodellierung. Die Pflanzarbeiten können im Herbst und Winter und zeitigen Frühjahr an trockenen und frostfreien Tagen durchgeführt werden. Die Herbst- und Winterpflanzung sind einer späten Frühjahrspflanzung vorzuziehen. Gärtnerische Arbeiten wie das Aufbauen der Tischbeete und das Anlegen von Kompostgruben können auch in Sommermonaten realisiert werden. Für die Wasserspielelemente ist der Sommer die ideale Gestaltungszeit.

Die Anlage größerer Naturspielräume kann sich über mehrere Jahre erstrecken. Der längere Gestaltungsprozeß eröffnet vielfältige Lern- und Erfahrungsmöglichkeiten, die die Phantasie, Kreativität und gestalterischen Kompetenzen der AkteurInnen fördern. Die Praxiserfahrungen führen nicht selten dazu, daß bestimmte Planungsansätze korrigiert oder variiert werden.

Die Projekttage, an denen das Spielraumkonzept praktisch umgesetzt wird, sollten von dem oben genannten Bauausschuß sorgfältig vorbereitet werden. Material-Checklisten und Werkzeug-Checklisten ermöglichen die Übersicht und lassen rechtzeitig Fehlbestände erkennen und korrigieren.

- Für Pflanz-, Setz- und Erdarbeiten sollten folgende Arbeitsgeräte eingesetzt werden: Spaten, Kreuzhacke, Hacke, Schaufel.
  Spitze Eisenstangen eignen sich, um Löcher für Pfähle und angespitze Weidenpalisaden zu stemmen.
- Die Holzarbeiten können weitgehend mit einfachen Werkzeugen wie Bügelsäge, Hammer, Zollstock und Zange ausgeführt werden. Handkreissägen oder Motorsägen sollten nur von geübten Hand- und Heimwerkern bedient werden.
- Einjährige Weidenruten lassen sich leicht mit Baumscheren schneiden. Für fünf- bis zehnjährige Kinder sollten handliche Gartenscheren angeschafft werden. Mit Astscheren können bis zu 5 cm dicke Weidenstäbe geschnitten werden. Kinder und Jugendliche haben ein großes Erfolgserlebnis, wenn sie die Weiden- und Holzmaterialien per Hand sägen.
- Schubkarren und Schaufeln sind immer erforderlich wenn Erde, Holzhäcksel oder Steine transportiert werden sollen.

Die Praxistage verlaufen sehr konstruktiv, wenn der Bauausschuß die Arbeitseinsätze an den einzelnen Spielelementen koordiniert und anleitet. Das bedeutet nicht, daß die AkteurInnen die einmal gewählte Baustelle nicht mehr verlassen dürfen. Ein unauffälliges Rotieren zu unterschiedlichen Einsatzstellen erweitert die Kompetenzen der „BauarbeiterInnen" und läßt den persönlichen Arbeitsneigungen einen größeren Spielraum.
Die Projekttage werden durch gemeinsame Ruhe, Essens- und Kaffeepausen zu Festtagen. Ein kleiner Mittagsimbiß, ein Nachmittagskaffee mit Kuchen und Saft stärkt die Kräfte der Großen und Kleinen und motiviert zu neuen Taten.

Materialquellen

Die Materialien zum Bau der beschriebenen Spielelemente sollten soweit wie möglich das Kriterium der ökologischen Verträglichkeit erfüllen. Neben den Aspekten der möglichst geringen industriellen Bearbeitung und chemischen Konservierung sollte auch die lokale und regionale Herkunft der Materialien beachtet werden. Der Rückgriff auf regionale Ressourcen vermeidet lange Transportwege und zahlt sich sowohl ökologisch als auch ökonomisch aus.

Da die Baumaterialien zur Gestaltung der Naturspielräume zum Teil nicht in in den lokalen Baumärkten geordert werden können, werden im folgenden alternative Bezugsquellen und -möglichkeiten genannt.

Weiden

Weidenstäbe und Weidenruten können in dem Zeitraum vom 1. November bis Ende Februar geschnitten werden. Die Erlaubnis zum Schnitt kann bei den Grundstückseigentümern, Forstämtern oder anderen öffentlichen Ämtern eingeholt werden. In vielen Regionen widmen sich Umweltinitiativen und Umweltschutzgruppen dem Erhalt und der Pflege der Kopfweiden. Die kommunalen Umweltbeauftragten helfen oftmals bei der Kontaktaufnahme und vermitteln auch Weidenbäume, die in eigener Regie zurückgeschnitten werden können.

Das Schnittgut der Kopfweiden, die in einem mehrjährigen Turnus zurückgeschnitten werden, besteht aus 3 m bis 5 m langen und bis zu 10 cm dicken Weidenstäben. Sie eignen sich vorzüglich zum Bau der beschriebenen Weidenelemente. Die ein- und zweijährigen Flechtweiden lassen sich mitunter schwieriger besorgen. Besonders in Weinregionen bergen aufgelassene Kulturen von Flecht- und Bindeweiden oftmals eine Fülle auch dünnerer Weiden. Werden diese Kulturen kräftig zurückgeschnitten, dann können im folgenden Winter lange unverzweigte Ruten geschnitten werden.

Im Handel (Forstbaumschulen, Baumschulen, Raiffeisenlager, Landschaftsgärtnereien) können sowohl Flechtruten als auch bewurzelte Weidenpflanzen bezogen werden. Letztere sind jedoch nur sinnvoll, wenn besondere Weidenarten wie die Drachenweide, die Hanfweide, die immergrüne Ölweide, Purpurweiden oder andere Weidenvarietäten gepflanzt werden sollen. Die mittlerweile in einschlägigen Inseraten angebotenen bewurzelten Weidenstecklinge können nach der im Weidenkapitel angezeigten Methode auch selbst aus 20 cm langen einjährigen Stecklingen herangezogen werden.

Bäume, Sträucher und Stauden

Die Pflanzen der Naturspielräume sollten soweit möglich nicht in Bau- oder Supermärkten gekauft werden. Qualitativ sehr gute Pflanzen können zu günstigen Preisen in Forstbaumschulen und regionalen Markenbaumschulen erworben werden, die die Pflanzen meistens selbst anziehen. Stauden sowie Blüten- und Beerensträucher werden im Frühjahr gerne von Gartenbesitzer-Innen abgegeben.

Holzmaterialien

Die in den Bauanleitungen genannten naturbelassenen Rundhölzer lassen sich sehr billig bei dem nächstgelegenen Forstamt besorgen. Hier sind auch die Douglasienstämme in unterschiedlichen Dicken und Längen erhältlich. Auch wenn die naturbelassenen Rundhölzer in Pfahlwerken oder im Holzfachhandel bezogen werden, sind sie in der Regel preislich günstiger als die imprägnierte Ware. Entrindete Rundhölzer können im Holzfachhandel und in Weinbauregionen auch direkt in Pfahlwerken bezogen werden. Die Preisunterschiede zu den Baumärkten sind enorm.

Die Schalbretter, Dielenbretter und Kanthölzer sollten möglichst im nächstgelegenen Sägewerk bezogen werden. Hier ist oftmals auch Restholz sehr günstig zu erhalten. Die unteren Baumabschnitte werden in vielen Sägewerken sogar kostenlos abgegeben. Im Holzfachhandel sollten die Preise der einzelnen Anbieter verglichen werden. Hier gibt es mitunter erstaunliche Preisdifferenzen.

Nägel und Schrauben

Es lohnt sich, die Nägel und Schrauben in größeren Gebinden im Metallfachhandel zu beziehen. Der preisliche Unterschied zwischen den dortigen kartonierten Großpackungen und den Plastikboxen der Baumärkte ist beträchtlich.

Holzhäcksel und Rindenmulch

Am günstigsten ist Holzhäcksel im Winter zu besorgen. Kommunale Grünflächenämter und andere Einrichtungen häckseln das in den winterlichen Pflegemaßnahmen anfallende Schnittgut und können das Häckselmaterial an pädagogische Einrichtungen weiterleiten. Umweltgruppen, die im Winter die Kopfweiden zurückschneiden häckseln das Schnittgut und geben das Weidenhäcksel gegen einen Spendenbetrag gerne ab. Holzhäcksel kann auch bei größeren Gartenbaubetrieben bezogen werden.

Der in Garten- und Baumärkten vertriebene Rindenmulch sollte nur verwandt werden, wenn er nachweislich auf Pestizidrückstände – besonders Fungizide und Insektizide – untersucht wurde.

Literaturempfehlungen

Bachelard, Gaston: **Poetik des Raumes.** Fischer Taschenbuch Verlag, Frankfurt am Main, 1993

Böhme, Gernot: **Für eine ökologische Natur-ästhetik.** edition suhrkamp, Frankfurt am Main 1989

Dahl, Jürgen: **Der unbegreifliche Garten und seine Verwüstung.** Über Ökologie und Ökologie hinaus. Deutscher Taschen-buch Verlag, München 1989

Fischer, Susanne: **Blätter von Bäumen.** Legenden, Mythen, Heilanwendung und Betrachtung von einheimischen Bäumen. Hugendubel Verlag, München 1990

Fischer, Susanne: **Medizin der Erde.** Legen-den, Mythen, Heilanwendungen und Betrachtung unserer Heilpflanzen. Hugendubel Verlag, München 1990

Flindt, Rainer: **Ökologie im Jahreslauf.** Naturkundliche Wanderungen von Januar bis Dezember. Quelle und Meyer, Heidel-berg 1989

Hetmann, Frederik: **Baum und Zauber.** Gold-mann Taschenbuch Verlag, München 1988

Kükelhaus, Hugo: **Organismus und Technik.** Gegen die Zerstörung der menschlichen Wahrnehmung. Fischer Taschenbuch Verlag, Frankfurt am Main 1979

Mitscherlich, Alexander: **Die Unwirtlichkeit unserer Städte.** Anstiftung zum Unfrieden. edition suhrkamp, Frankfurt am Main 1965

Niemeyer-Lüllwitz, Adalbert: **Arbeitsbuch Naturgarten.** Ravensburger Buchverlag, Ravensburg 1989

Schad, Wolfgang / Schweppenhäuser, Ekkehard: **Blüten-Spaziergänge.** Übungen im Naturbetrachten. Fischer Taschenbuch, Frankfurt am Main 1986

Schiffer, Eckhard: **Warum Huckelberry Finn nicht süchtig wurde.** Anstiftung gegen Sucht und Selbstzerstörung bei Kindern und Jugendlichen. Beltz Verlag, 1993

Wagner, Richard: **Überleben lernen in der Einen Welt.** Ökologische Lernmodelle in ökumenischer Verantwortung. Deutscher Studien Verlag, Weinheim 1994

Winkel, Gerhard (Hg.): **Schulgarten-Hand-buch.** Friedrich Verlag, Seelze 1985

Zulliger, Hans: **Heilende Kräfte im kindli-chen Spiel.** Fischer Taschenbuch Verlag, Frankfurt am Main 1990

Der Autor, Jahrgang 1955, geb. in Rivenich an der Mosel, beschäftigt sich seit Anfang der 80er Jahre mit dem Thema „Kindgemäße Spiel- und Lernorte".

Nach dem Studium der Kath. Theologie und der Erwachsenenbildung leitete er acht Jahre das selbstorganisierte Lernprojekt „Ökumenisches Projekt Albatros e.V." (Rivenich).

Das Herzstück der ökomenischen Projektarbeit war ein 2 Hektar großes, ehemals landwirtschaftlich genutztes, Gelände. Hier sollten Kinder, Jugendliche und Erwachsene erfahren können, daß die Bewohnbarkeit der ganzen Erde (griech. oikumene) in kleinen Schritten erlebt und gefördert werden kann. Eine Wasserquelle, Hecken, Obstbäume, Bruchweiden, Flechtweiden, Wiesen, ein angrenzender kleiner Wald bildeten die „Grundausstattung" des Spielgeländes. Im Verlauf zahlreicher Zeltlager, Werk-stätten und Projekttage wurde dieser Landschaftsgarten mit jüngeren Kinder, SchülerInnen und StudentInnen zu einem naturnahen Spielraum umgestaltet.

Diese „Umgestaltung" folgte keinem im Voraus entworfenen Plan, sondern sie realisierte sich spontan, ergab sich aus den Aktionen der Kinder, wurde durch die Materialien des Landschaftsgarten – Lehm, Hölzer, Weiden – geradezu provoziert.

Die in der Projektarbeit gewonnenen Einsichten und Erfahrungen „übrsetzt" der Autor in vielfältigen Kooperationen in die städtische und ländliche Lebens- und Spielwelt der Kinder und Jugendlichen.

Seit 1991 ist der Autor im Rahmen seines Büros für Naturspielräume bundesweit im Aufbau und der Weiterentwicklung von Naturspielräumen engagiert. Die anfängliche Skepsis der PädagogInnen und der Spielplatzprofis in kommunalen Grünflächen- und Bauämtern wandelt sich – langsam, aber stetig – in interessierte Kooperation. Beratung, Konzept- und Planentwicklung sowie die Projektleitung der praktischen Gestaltungsarbeiten bilden gegenwärtig die Schwerpunkte des Büros für Naturspielräume. Im Rahmen von Fortbildungen arbeitet der Autor als Referent mit Multiplikatoren aus außerschulischen und schulischen Bereichen.

Naturspielräume
Dr. Richard Wagner
Samlandweg 6
33790 Halle
Tel.: (0 52 01) 58 42

Mit-Spiel-Lieder und Bücher
aus dem
Ökotopia Verlag
Hafenweg 26 · D-48155 Münster

Reinhold Pomaska

Gitarrenschule und Kinderlieder

An einem Abend Gitarrenbegleitung lernen

Für ErzieherInnen, GrundschullehrerInnen, Eltern und Kinder ab ca. 8 Jahren, Selbstunterricht ab ca. 12 Jahren
Eine phantastische Möglichkeit für alle, die immer schon Gitarre spielen wollten, aber bis jetzt nie die Kurve gekriegt haben.

ISBN (Buch incl. CD): 3-931902-10-2

Monika Schneider

Gymnastik-Spaß für Rücken und Füße

Gymnastikgeschichten und Spiele mit Musik für Kinder ab 5 Jahren

Daß Gymnastik sehr viel Spaß machen kann, lustig und motivierend ist, zeigen die Übungen dieses Buches.
Fetzige und illustrierende Musik sorgt für zusätzlichen Schwung und gute Laune.

ISBN (Buch incl. CD): 3-931902-03-X
ISBN (Buch incl. MC): 3-931902-04-8

Gisela Mühlenberg

Budenzauber

Spiellieder und Bewegungsspiele für große und kleine Leute
Presseecho:
„Ein empfehlenswertes Buch für alle, die mit Kindern Spiel, Spaß und Bewegung erleben wollen!" (Aus: Sonderschulmagazin 3/93)
„Alles ist gut erklärt und ohne großen Aufwand zu machen – kurzum, ein zuverlässiger Rettungsring, wenn es heißt: Kannst du nicht was Tolles mit uns spielen?" (Aus: WAZ, 19.9.92)

ISBN: 3-925169-41-5
dazu **MusiCassette ISBN:** 3-925169-63-6

Tänze für 1001 Nacht

Geschichten, Aktionen und Gestaltungsideen für 15 Kindertänze ab 4 Jahren

Kinder lieben es, sich zu Musik zu bewegen und ausgelassen zu tanzen.
Dieses aufregende Spiel- und Aktionsbuch bietet in fünfzehn Einheiten zahlreiche Ideen zum spielerischen Einstieg ins Tanzen.

ISBN (Buch incl. CD): 3-925169-82-2
ISBN (nur Buch): 3-925169-86-5
ISBN (nur MC): 3-925169-83-0

Annette Breucker

Da ist der Bär los...

Kooperative Mit-Spiel-Aktionen für kleine und große Leute ab 3 J.

Presseecho:
„...ein reizvolles, spannendes und lustiges Unternehmen... Endlich einmal etwas Neues auf dem Spielbuchmarkt! - Empfehlenswert."
(Aus: Das neue Buch/Buchprofile, 1/91)

ISBN: 3-925169-24-5
dazu **MusiCassette ISBN:** 3-925169-58-X

Wolfgang Hering

Kinderleichte Kanons

Zum Singen, Spielen, Sprechen und Bewegen

Mit den kinderleichten Kanons gelingt es auf einfache Weise, Mehrstimmigkeit zu erzeugen, den Spaß am Singen aufzugreifen und die Konzentration zu fördern. Fast siebzig Sing- und Sprechkanons sind in dem Buch zu finden. Zusätzlich gibt es reichhaltige Tips zum Spielen, Tanzen und Bewegen.

ISBN: (Buch incl. CD): 3-925169-90-3
ISBN: (nur Buch): 3-925169-91-1
ISBN: (MC): 3-925169-92-X

Ilonka Breitmeier

Von Krokodilen und *ganz* anderen Ungeheuerlichkeiten

Ermutigende und hilfreiche Geschichten für Kinder ab 4 Jahren

Mit viel Humor werden Hilfen angeboten sowie Lösungen und Antworten vermittelt. Die Geschichten sind aus dem kindlichen Alltag gegriffen. Dennoch entführen sie ihre Leser in fantastische und geheimnisvolle Welten.

ISBN (Buch): 3-931902-16-1
ISBN (MC Traumzeiten) mit Schlafliedern: 3-931902-17-X

Volker Friebel

Weiße Wolken – Stille Reise

Ruhe und Entspannung für Kinder ab 4 Jahren. Mit vielen Geschichten, Übungen und Musik

Mit den leicht verständlichen Anleitungen in diesem Buch und der einfühlsamen Musik können Erwachsene gemeinsam mit Kindern Stille, Meditation, Konzentration und Entspannung neu entdecken.

ISBN (Buch incl. CD): 3-925169-95-4
ISBN (Buch incl. MC): 3-925169-94-6